Magdalena Reupold

# Glaub' doch was du willst....

Spirituelles Heilen durch Bewusstwerden

Ein Dankeschön

meinem Mann Rudi, der mir den Freiraum schafft, mich ungehindert meinen Werken widmen zu können.

Meinen Kindern, die mir durch ihre Selbständigkeit Freiheit schenken und mit ehrlicher Kritik zur Seite stehen.

Meiner Freundin Lisa Hinterholzer, die mit Hingabe meine handgeschriebenen Texte in Druckform gebracht hat.

Nicht zuletzt meinen Kunden, die mich herausforderten, tiefer zu blicken, als ich es mir selbst zugetraut hätte.

**Impressum**


Druck und Verlag: epubli GmbH, Berlin, www.epubli.de
ISBN 978-3-8442-5338-2

## Inhaltsverzeichnis

## Absicht und Interesse

Die Absicht ist der Grundwunsch des Menschen, sein Ziel.

Das Interesse richtet sich nach seiner Absicht.

Hast du die Absicht dir einen Millionär zu angeln, dann ist dein Interesse darauf ausgerichtet, wie du aussiehst, dein Benehmen, dein wahres Ich vielleicht zu verbergen. Je nach deiner Vorstellung was du glaubst, was ein Millionär begehrt.

Hast du die Absicht durch Leid deine Erlösung zu finden, gilt dein Interesse Dingen und Situationen, die dir Leid bescheren.

Hast du die Absicht besser zu sein als die anderen, gilt dein Interesse dem, die anderen zu beobachten und notfalls zu schwächen. So kannst du dich schwer auf das Eigene konzentrieren. Das bedeutet, dein Garten kann auch nicht gut bestellt werden.

Hast du die Absicht Lehrer zu werden, damit die Schüler dich verehren, dann geht dein Interesse mehr zu dem hin, ob die Schüler dich mit Worten und Taten verehren, anstatt zu dem Unterrichtsstoff.

Hast du die Absicht Lehrer zu werden, weil du den anderen wachsen helfen willst, dann gilt dein Interesse dem Wohlwollen der Schüler und dem interessanten Unterrichtsstoff.

Hast du die Absicht keine Fehler machen zu wollen, geht dein Interesse zu Sicherheiten, Vorsorge, Zurückhalten, andere vorlassen, Vorgefertigtes zu kaufen statt sich selbst auszuprobieren.

Hast du die Absicht deine Ängste zu überwinden, wird dein Interesse solche Situationen aufsuchen, damit du sie überwinden kannst.

Hast du die Absicht Frieden zu haben, geht dein Interesse auf Hinweise, Möglichkeiten, die dazu beitragen

Hast du die Absicht Krieg zu führen, geht dein Interesse auf Waffen, Militär und auf die Suche nach Fehlverhalten anderer, damit du Krieg haben kannst.

Hast du die Absicht dich rauszuhalten, wird dein Interesse müde, arbeitslos und kann ganz verschwinden, wie ein nichtgenutzter Muskel.

Hast du die Absicht Erfahrungen zu machen, mit dem was das Leben für dich bereithält, dann gilt dein Interesse allem was um dich und in dir los ist. Das wird wohl die interessanteste und mutigste Art zu leben sein.

Hast du die Absicht absichtslos zu sein, stehst du dein Leben lang am Bahnhof und steigst nicht ein. Du kannst natürlich irgendwie absichtslos hineingeraten. Doch auch hier hast du eine Absicht. Für nichts verantwortlich zu sein. Diese Menschen hört man oft sagen

„das habe ich nicht gewollt" oder „da wollte ich eigentlich gar nicht hin".

Hast du die Absicht andere durch Manipulation zu beherrschen, geht dein Interesse zu den Schwächen der anderen, um sie noch mehr zu schwächen und in Schach zu halten. Was du dabei nicht begreifst ist, dass du rund um die Uhr damit beschäftigt bist andere zu beherrschen. Doch wenn der Druck nicht ständig ausgeübt wird, kann der Stiel sich leicht umdrehen. Also wirst du selbst von deiner Absicht beherrscht.

Hast du die Absicht bei den anderen alles zu schnorren und dich versorgen zu lassen, geht dein Interesse stets zu dem was andere haben. Das eigene Kapital, der eigene Selbstwert wird immer geringer.

Hast du die Absicht eine perfekte Mutter zu sein, gilt dein Interesse immer dem was noch besser sein könnte und nicht in Ordnung ist. Was ist kannst du nicht akzeptieren, weil es nie perfekt ist.

Hast du die Absicht eine Heilige zu werden, dann ist dein Interesse ratlos, weil du in allen Ecken deine Unschuld verlieren kannst oder es könnte dein Heiligenschein verrutschen.

Hast du die Absicht in die Politik zu gehen, um deiner Macht willen, dann gilt dein Interesse dem Fehlverhalten deiner Kollegen und gelungenen Versprechungen auch wenn sie nicht einzuhalten sind.

Hast du die Absicht in die Politik zu gehen, weil dir das Wohl des Volkes am Herzen liegt, wird deinem Interesse wahrscheinlich der Weg versperrt von Machthabern, weil Wohlwollen für das Volk und Machtgier nicht zu vereinbaren sind.

Hast du die Absicht der beste Heiler zu sein, gilt dein Interesse mehr dem was die Konkurrenz treibt, als dem Wohl des Patienten.

**Wenn du ein unangenehmes Leben hast, finde DEINE Absicht heraus, du kannst sie ändern!**

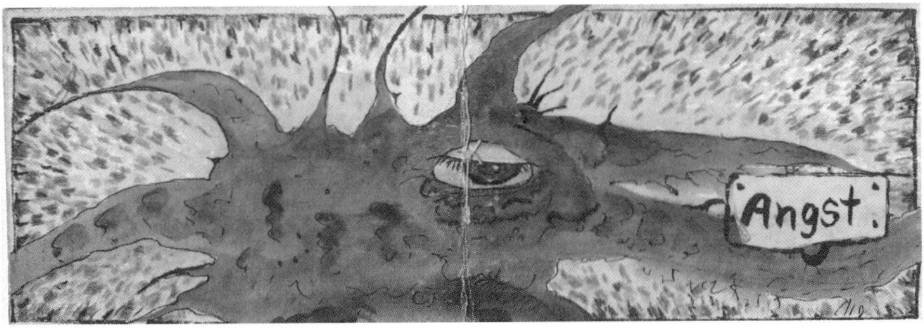


## Angst

Ich, die Angst, bin das energetische Erzeugnis des Menschen, wenn er nicht an das Gute glaubt, also bin ich getrennt vom Positiven.

Beispiel:
Ein Apfel ist köstlich und nahrhaft. Somit würde er dein Wachstum körperlich und seelisch unterstützen. Wenn du aber Angst hast vor deiner Courage und Verantwortung, wirst du dich gegen das Gute im Apfel wehren und kannst sogar Allergien dagegen entwickeln.

Der Mensch glaubt, er hätte ein Problem mit dem Apfel und die Ablehnung dagegen wird noch größer. Aber die Ursache ist meist die Nicht-Bereitschaft zur Veränderung.

Panik ist geballte Energie von destruktiven Vorstellungen. Hier finde ich die Ursache oft in früheren Leben.

Angst entsteht auch, wenn der Mensch ein starkes Werte-Denken hat.

Groß – klein

Stark – schwach

Viel – wenig

## Macht – Ohnmacht

Wenn er Angst hat, zu klein zu sein, hat er auch Angst groß zu sein. Hat er Angst vor dem Tod, hat er auch Angst vor dem Leben.

Hat er Angst, ausgelacht zu werden, hat er auch Angst nicht ausgelacht zu werden, denn damit rechnet er nicht. Er ist irritiert und vorsichtshalber erst einmal misstrauisch.

Angst entsteht bei Abweichung von der Mitte, vom Herzen.

In der Mitte wäre die Liebe und da gibt es kein gut oder schlecht. Da ist alles Wachstum und da bist du heute immer ein wenig größer und klüger als gestern.

Wer sich gegen den Lehrling in sich wehrt, wird nie ein Meister. Wer sich gegen den inneren Meister wehrt, beginnt keine Lehre. Das ist möglich durch Krankheit, durch Prüfungen zu fallen, schwierige Mitmenschen, die einen an der Offenbarung hindern sollen.

Glaube mir, ich die Angst bin das am häufigsten benutzte Mittel um sich selbst zu behindern. Ich bringe geballte Vorstellungen von Nicht-Gelingen und nicht möglich. Aber die Menschen haben eher Angst davor, dass etwas möglich wäre und sie trauen sich nicht unbekannte Gefühle und Gebiete zu betreten, weil sie Unbekanntes nicht verstehen, kontrollieren und verwalten können.

Hier bräuchte man das Vertrauen (keine Versicherung), dass das Leben ein Geschenk ist und somit auch alles Unbekannte, das zu einem möchte.

Es gibt gesunde und ungesunde Angst.

Die gesunde Angst meldet sich, wenn etwas Lebensbehinderndes auftaucht. Vielmehr jedoch meldet sie sich, wenn du aus der Liebe trittst, damit du keinem Unrecht tust, niemandem schadest, also auch dir selbst nicht. Sie meldet, warnt dich, gibt Alarm wenn du daneben trittst. Sie will dich vor der seelischen Armut bewahren.

Hier liegt die Sicherheit in der Liebe, der Freiheit.

Die kranke Angst ist außerhalb der Liebe und erlaubt dir nicht, in die seelische Fülle zu gehen.

Hier liegt die Sicherheit in der Sicherheit, im abgesichert sein, in der Abhängigkeit.

Wer glaubt sein Leben im Griff haben zu müssen, hat den Griff zur Tür in der Hand, durch die jedoch die unbekannten Möglichkeiten, also auch die Geschenke hereinkommen würden. Und somit verhindert er den Lebensfluss und verursacht damit Stoffwechselerkrankungen, Blasendruck, unreine Haut, Migräne, usw.

**Wenn das Leben ein Geschenk ist, wovor musst du dich dann fürchten?**

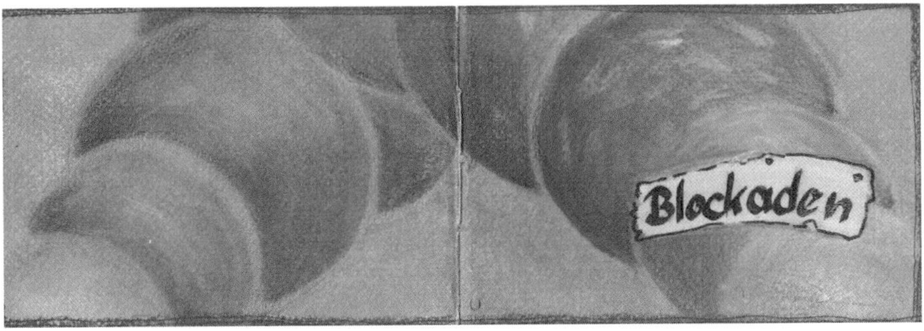


## Blockaden

Ich, die Blockade, bin ein System und habe zwei Auftraggeber:

Dein niederes Selbst und dein höheres Selbst.

Werde ich gerufen, heißt es auf jeden Fall: „Nicht weitermachen!“

Blockaden sollen dir dienen, dich schützen, aufrütteln, stark, schwach, nachdenklich machen und vieles mehr.

Wer ein starkes, moralisches Bewertungssystem hat, lebt noch aus dem niederen Selbst. Das heißt, er hat Angst vor Ereignissen, die ihn fördern und groß machen könnten, vor Anforderungen, die außerhalb seiner Toleranzgrenze liegen.

Für viele ist der eigene Kleinmut schwer zu ertragen, daraus entsteht eine Sucht nach Größe. Mit fremden Federn oder einem zu großen Schuh könnte man das äußerlich ausgleichen. Innerlich jedoch wird man noch kleiner, weil das ganze Getue und der Aufwand im Grunde erbärmliche Versuche sind. Irgendwann, wenn es nicht mehr zu deinem und der anderen Wohl ist, schickt dein höheres Selbst eine Blockade. Eine Blockade, damit deine Entwicklung nicht gestört oder nicht umgangen wird.

Es könnten Menschen sein, eine Krankheit, ein Unfall, ein Verlust, eine Prüfung damit du dich erkennst.

Aber niemals um dich zu bestrafen oder zu Grunde zu richten.

Das niedere Selbst bedient dich mit Blockaden, die dein „Nicht-Liebe-Programm“ unterstützen.

Dazu kannst du dir einen Verurteiler, eine persönliche emotionale Guillotine errichten und sie dann höflich mit Moral, selbstlos, bescheiden, ungesund, gefährlich, rücksichtsvoll usw. tarnen. So lange du dich dieser Ausreden bedienst, wirst du nicht wachsen und deine Größe nicht kennenlernen.

Eine Blockade aus dem niederen Selbst gestaltet sich aus deinen Ängsten oder Wünschen. Es ist eine Bitte um ein STOPP! Deine Ängste rufen Menschen, Umstände auf den Plan und gebrauchen sie als Blockaden. Glaubst du, die Menschen und Umstände sind deine Blockaden, dann irrst du dich. Du hast diese Blockaden in dein Gedankenfeld, in deinem System gewünscht. Damit könnte klar werden, warum der eine viel und der andere wenige Hindernisse auf seinem Weg hat.

Blockaden aus dem höheren Selbst sind sanfter, sie sollen dich nachdenklicher, bewusster machen. Dich ordnen, aufrufen etwas anzunehmen oder loszulassen.

Wer Angst vor der Verantwortung hat, bedient sich aus dem niederen Selbst.

Wer sich kennenlernen und gesund wachsen möchte, aus dem höheren Selbst.

Oft ist man überzeugt, dass die Blockade im Außen besteht. Aber sie ist nur scheinbar außen.

Die Blockade liegt in dir, weil du dich vielleicht nicht zu wachsen traust, oder dir nicht viel zutraust, oder viele Vorurteile hast oder in Selbstbestrafung lebst. So blockierst du und öffnest deine Türe nicht. Da die äußere Tür nur aufgeht, wenn du dich innerlich dafür öffnest, bleiben viele Türen verschlossen. Geistig schlafende Menschen, sehen es als Schicksalsergebnis, geistig wache Menschen wissen, dass der Schlüssel für die Türe in ihnen selbst liegt.

Chakren sind Energiezentren, die sich bei Angst schließen und bei Vertrauen oder Freude öffnen. Nicht das Chakra blockiert, sondern deine Angst blockiert das Chakra. Damit sind auch Organe oder die Wirbelsäule im entsprechenden Chakrabereich mitbetroffen. Sie können dadurch geschwächt und folglich krank werden.

Beispiele:

- Scheitelchakra: Schließt sich, wenn du in Selbstbestrafung lebst und klein bleiben willst, bis du eine andere Entscheidung triffst.
- Stirnchakra: Wenn du glaubst andere denken klüger und weiser und das Denken anderen überlässt.
- Halschakra: Wenn du an dir und dem was du von dir gibst zweifelst.
- Herzchakra: Wenn du glaubst, Liebe macht verletzlich und schwach, oder du berechnend bist.
- Solarplexus: Wenn du Angst hast vor deiner Größe oder vor dem Versagen:
- Sakralchakra: Wenn du moralische Auflagen oder Missachtung dem Leben und der Freude gegenüber hast.

- Wurzelchakra: Angst vor Konsequenzen und Verantwortung.

Wenn du herausfinden möchtest, was dich blockiert, findest du die Antwort bei deiner Angst. Schau ihr ins Auge, sie frisst dich nicht auf, sie will dir etwas über dich zeigen.

**Ohne Hindernisse wäre das Leben keine Herausforderung!**

**Die Hindernisse wollen dein Können, deine Größe herausfordern, damit du deinen Kleinmut ablegst.**

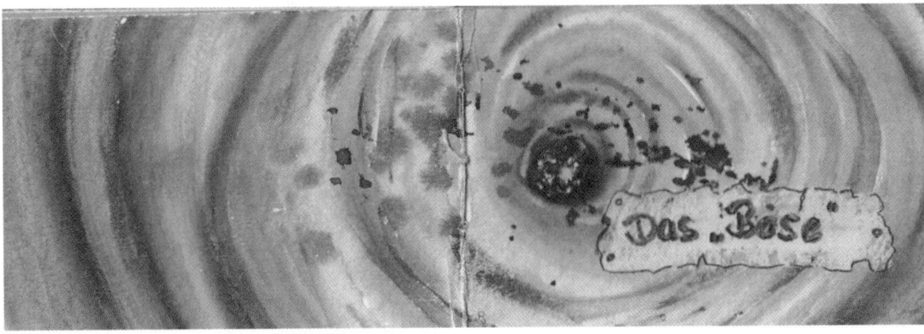


## Das Böse

Mein Ziel ist das Nichts, also die Nicht-Liebe.

Bei mir ist es wie mit der Liebe, ich kann nur durch den Menschen existieren.

Wer sich mit mir beschäftigt wird leer, auch der, der mich bekämpft.

Wer bewusst das Böse wählt, wie z. B. sich krank stellen, rechnet damit, dass er von den anderen energetisch versorgt wird. Er muss sich nur krank stellen und Mitgefühl und Zuneigung fließen ihm zu. Aber alles was man ihm gibt versickert im Nichts. Und der Helfer wird dabei kraftlos und frustriert, der wird dadurch wirklich krank.

Wer das Böse in Form von berauben materieller Dinge lebt, holt sich fremdes Eigentum in sein Dasein, das ja aus Nichts besteht. Das bedeutet, dass der Dieb sich nie wirklich bereichern kann, weil in seinem Energiekreis alles seinen Wert verliert und das Bedürfnis nach mehr Ware zur Gier wird, auch wenn er schon genug hätte.

Wenn ich von der Leere, dem Nichts spreche, dann ist damit der Zustand des Gefühls gemeint.

Das Gefühl ist die Leitung, der Vermittler des Zustandes der Seele.

Die Seele ist immer der liebevolle Teil in dir und wenn du beschließt, ein Dieb zu werden, betrübt das deine Seele und alles was du den anderen ungefragt nimmst, wird zum Minus in deiner Seele. Also könnte man sagen, die Seele ist die Kontoführung, dessen Verwalter das Gewissen.

Wenn in deiner Seele Minusenergien sind, kann das Gefühl eben nur Mangelgefühle vermitteln. Je mehr du dich unrechtmäßig bereicherst, umso größer wird dein Mangelzustand, deine Leere.

Wer das Böse in Form von Macht lebt, bedient sich aus den Angeboten aus dem Reich der scheinbaren Fülle, zum Beispiel Lügen, Gewissenlosigkeit, Korruption, Einschüchtern, Erpressen usw. Aus der Abteilung „das Böse" kannst du dir alle erdenklichen Gemeinheiten und Raffinessen holen, aber du gibst dein Empfinden ins Nichts. Du kannst dir noch so viel Macht und Reichtum ansammeln, das Gefühl der Leere wird dabei auch wachsen. Die Menschen, die sich meiner (das Böse) bedienen, befördern sich in die Leere, also schaden sie sich selbst.

Wenn Menschen glauben, mich bekämpfen zu müssen, tut mir das Leid für sie, denn sie bekämpfen ein Loch, ein Nichts und sie bemerken nicht, dass ich dabei wachse, von ihrer Energie, die ich immer zu einem Nichts umwandle.

Ich bin das Böse, das Nichts – das ist meine Aufgabe.

Wer mich wirklich schwächen will, muss dafür sorgen, dass das „Gute“ überhandnimmt. Das ist das Gegenteil von mir. Aber wenn du dich dazu zwingst, lädst du mich wieder ein, denn der Zwang ist aus meinem Reich.

Licht ist immer stärker als Schatten. Liebe hat mehr Kraft, als ein Gebot. Dazu gehört auch, mich nicht als Feind zu sehen, sondern als eine Wahl- oder Erfahrungsmöglichkeit.

Wer glaubt bei den „Guten“ zu sein, weil er mich bekämpft, bedient in Wirklichkeit mich!

Wer seine Krankheit loswerden will, muss sich liebevoll behandeln.

Wer sich vor Räubern schützen will und sich eine Alarmanlage an seinen Besitz installiert, rechnet mit einem Einbruch und gibt somit eine Einladung dafür.

Was das „Böse“, der Schatten nicht betreten kann, ist Licht. Also ein Haus, ein Reich mit Vertrauen und Liebe, da kann das Nichts nicht existieren.

Wer sich auf die Seite der „Guten“ stellt, um nicht zu den „Bösen“ zu gehören, lebt in einem Gefängnis von Regeln und Vorschriften, wie in einem Schneckenhaus, das immer Rückzug gewährleistet. Somit zieht das „Böse“, das „Nichts“, die Ohnmacht in Form von Feigheit und Angst bei ihm ein.

Die gesunde Art mit dem „Bösen“ umzugehen, ist zu akzeptieren, dass es diese Seite gibt, aber dir nichts anhaben kann, wenn du aufrichtig und liebevoll bist.

Sollte ein „Böser“ doch einmal den Versuch machen, dir auf die Zehen zu treten, darfst du ruhig böse werden, deshalb bist du noch lange kein „Böser“.

**Wer zu sich stehen lernt, hat es immer weniger nötig, sich zu den „Guten“ oder zu den „Bösen“ zu stellen!**

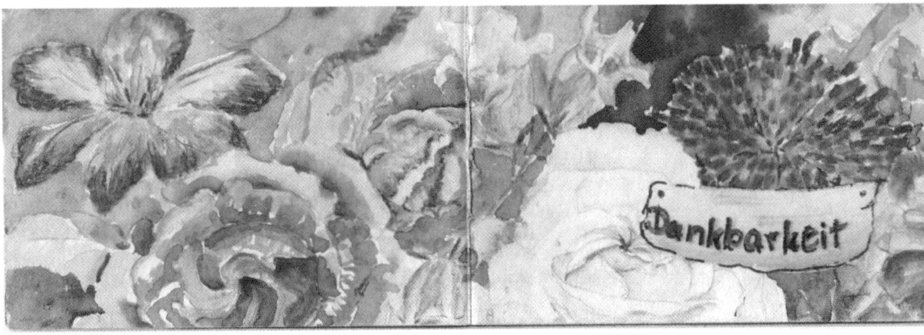


## Dankbarkeit

Nur was im Herzen passiert, ist wirklich dein!

Ich, die Dankbarkeit, bin ein Schlüssel zu deiner Lebensfülle, zu deiner Lebenskraft, zu deinem Vorwärtskommen.

Wer dankbar sein kann, bleibt in den Problemen, in den Lernaufgaben nicht verhaftet, sondern sieht das Geschenk darin. Auch wenn er es nicht gleich erkennen kann, er weiß darum.

Ich, die Dankbarkeit, hole dich aus der Leere, aus dem Mangel. Wer mich als Wegbegleiter mitnimmt, verzweifelt nicht, weil ich die positive Seite der Situation zeige.

Mit Undankbarkeit als Begleitung siehst du immer, dass du im Nachteil bist. Deine Aufmerksamkeit richtet sich auf das, was dir noch fehlt, dich krank macht und scheinbar ungerecht ist.

Willst du nicht in deine Kraft und Verantwortung gehen, ist die Undankbarkeit eine gute Möglichkeit, dich im schwachen, ohnmächtigen Zustand zu halten. Mit Undankbarkeit wertest du die Geschenke, die das Leben dir bietet auf Null und noch weniger, bis dein Schicksal dir deine Erwartungen erfüllt, dann hast du die

Bestätigung, dass es nichts gibt, wofür man dankbar sein könnte. Du kriegst die homöopathische Dosis von dem, was du begehrst. Begehrst du Bestätigung für deine Vorstellung „es gibt keinen Grund zu Dankbarkeit“, wirst du dir solche Situationen und Umstände schaffen. Das kann schon damit beginnen, dass du dir Eltern ausgesucht hast, die dich nicht haben wollten oder konnten. Das liefert dir ein vorzügliches Alibi für viele nicht bewerkstelligte Lebensumstände.

Die Dankbarkeit und die Undankbarkeit gehören zu dem Zauber des Lebens. Damit meine ich, dass sich Dankbarkeit nicht betrügen lässt. Ist die Dankbarkeit nur Pflichterfüllung oder Etikette, bleiben es nur leer Worte ohne Kraft und Wirkung.

Der Zauber der Dankbarkeit bewirkt, dass man die Geschenke annimmt und sie einen bereichern.

Der Zauber der Undankbarkeit bewirkt, dass die Energie der Handlung oder Leistung enorm geschwächt und abgelehnt wird.

Heißt das, wenn ich eine Ohrfeige bekomme, soll ich Danke sagen?

Ein geistig wacher Mensch erkennt die Botschaft hinter der Ohrfeige. Z. B. ich erkenne, dass du ein Schläger bist, danke, dass du mir das gezeigt hast, jetzt weiß ich wer du bist. Oder, hey ich begreife, dass ich hier geschlafen haben. Danke, dass du mich aufgeweckt hast.

Geistig schlafende Menschen sehen meist nur die Ungerechtigkeit und die Frechheit. Sie baden oft darin und erzählen es auch noch allen und jedem. Sie wollen Bestätigung wie undankbar sie behandelt wurden.

Religiöse Fanatiker und Märtyrer wollen sich nicht für eine Ohrfeige bedanken, weil sie damit zugeben würden, dass sie danach rufen, um sich als Opfer ein Himmelsplätzchen zu erarbeiten. Aber die Dankbarkeit fühlt sich nur auf die Bühne gerufen, wenn es ehrliche Dankbarkeit ist, keine theatralische, zweckgebundene, vorgetäuschte.

Die Dankbarkeit ist ein deutliches, intensives Ja. Ein Ja passiert oft nur im Kopf, aber wenn du dankbar bist, passiert dieses Ja im Herzen.

Passiert heißt, dass etwas einpassiert, eintritt, etwas kommt. Also, wenn im Herzen etwas passiert, dann kommt es wirklich zu dir.

Du kannst dir sicher sein, alles im Leben hat zwei Seiten und nur du bestimmst, welche du lebst. Zum Beispiel

mit

**Dankbarkeit oder Undankbarkeit**

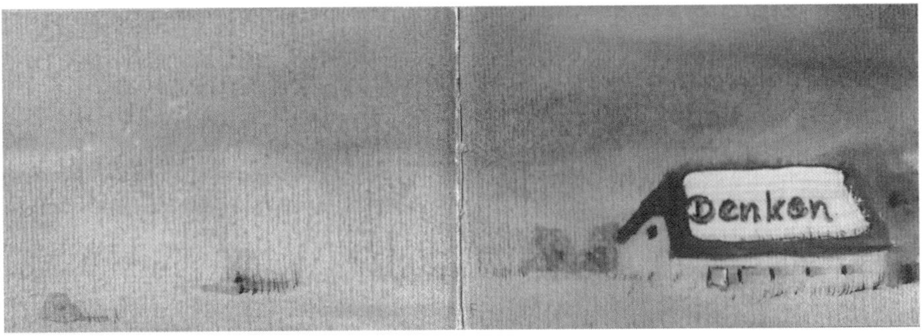


## Das Denken

Da der Mensch mit Denkvermögen ausgestattet ist, kann er berechnend sein. Das Denken ist ein Instrument, mit dem man sein Leben steuert und gestaltet. Hätte man das Denken nicht, würde man nur nach Impulsen und Bedürfnissen handeln. Das Denken ist ein Instrument, dessen sich der Mensch ständig bedient, aber kaum kennt.
Es gehört zur Lernaufgabe des Menschen, dieses Machtinstrument mit Verantwortung zu bedienen. Es soll zum Wohle aller eingesetzt werden. Doch dafür braucht es viel Zeit, Erfahrungen, Kenntnisse und deutliche Hinweise, wohin einen das Denken gebracht hat, wohin einen die Denkweise geführt hat. Die Denkweise ist der Navigator, der von dir eingestellt ist. Sie ist ausschlaggebend dafür, wie dein Leben ist und wird.

Seit der Mensch denken kann, wird versucht das Denken zu beeinflussen bzw. zu manipulieren. Wer glaubt, also denkt, dass es zu seinem Vorteil ist, wenn er die anderen einschüchtert, damit sie ihm gehorchen und dienen, wird das eine Zeit lang funktionieren. Bemerkt aber der Eingeschüchterte, dass der Einschüchterer abhängig ist von ihm, kann sich das Blatt schnell wenden.

Die Religion ist die leichteste Möglichkeit einen Menschen in seinem Denken zu beeinflussen, weil man viel behaupten, aber nichts beweisen kann. Durch die Erfindung von Himmel und Hölle als Belohnungs- und Bestrafungsorte, bekamen die Menschen Angst und gaben die Verantwortung ab, um die Konsequenzen für ihre Entscheidungen und Handlungen nicht tragen zu müssen.

Das Denken kann berechnend, wohlwollend, ängstlich, mutig, schädlich, zerstörend, erhebend, erfreulich, abwertend, habgierig, schelmisch, wach, rücksichtsvoll, nachdenklich, kompliziert, naiv, stumpf, einfallsreich und so weiter sein.

Die Denkweise ist abhängig vom Charakter des Menschen, obwohl der Mensch sein Denken selbst bestimmt und damit seinen Charakter formt. Hier sind wir in dem Hamsterrad, das es dem Menschen so schwierig macht aus seiner Mühle herauszukommen.

Angenommen ein Mensch glaubt nicht an seine Qualitäten, also muss er raffiniertes Denken anwenden und ein Blendwerk erfinden und gestalten, damit niemand merkt, dass er eigentlich zu feige ist um sich selbst hervorzubringen.

Dieses Blendwerk wird immer intensiver und eines Tages beherrscht es ihn und er kann nicht mehr verstehen, warum er zu nichts fähig ist. Mit dieser Denkweise ist es logisch, dass der innere Selbstwert nicht wachsen kann. Diese Menschen beginnen dann, ihre Denkmaschinen neu zu lenken und sehen mit Vorliebe die Ungerechtigkeit in dieser Welt, in der es sowieso keinen Sinn macht sich zu bemühen. Oder Gott hat die Güter und Talente ungerecht verteilt.

Wenn dann nichts mehr geht, gibt es ja noch die Möglichkeit, dass man sich krank denken kann und dafür Elektrosmog oder die Umwelt verantwortlich macht. Aber wer so denkt, denkt sich in eine Sackgasse, in der er hilflos gefangen ist, weil er ja unschuldig ist (denkt er).

Da stellt sich die Frage: Wie komme ich wieder an mein freies, gesundes Denken?

**Z**uerst muss man sich eingestehen, dass man falsch denkt. Ohne diese Erkenntnis ist keine Änderung möglich.

**K**ritik von außen nicht aus dem Weg gehen, sondern prüfen, ob nicht etwas Wahres dabei ist.

**D**ie eigenen Kinder haben oft den großen Wunsch, den Eltern eine neue Denkweise zu eröffnen. Akzeptieren, dass die Erziehung gegenseitig ist.

**D**ie vermeintlichen Hindernisse prüfen, ob es nicht deine Angst ist, das Vorhaben nicht anzugehen und du deshalb Hindernisse erfunden hast.

**N**achdenken, sich selbst gegenüber ehrlich sein und sich fragen, warum wähle ich diesen Beruf, diese Frau, diesen Mann, Gutes oder Ungutes.

**D**u brauchst keinen Therapeuten um dein Leben zu ändern. Er kann es nicht für dich ändern. Er kann dir nur helfen, wenn du ehrlich die Absicht hast an dir zu arbeiten und aufhörst andere dafür verantwortlich zu machen.

**G**epflogenheiten, Sippenhaft und Bräuche die dir zuwider sind, loslassen und eigene Wege gehen.

**L**ernen, deine Meinung zu sagen, ohne zu fordern, dass du Zustimmung bekommst.

**D**ie eigenen inneren Bedürfnisse berücksichtigen. Sie sind das Ergebnis von Harmonie oder Misswirtschaft von dir. Brauchst du zu viel Süßes, solltest du mehr Freude in deinem Leben erlauben.

Brauchst du zu viel Alkohol, könnte ein Problem, das dich sehr traurig macht, zugrunde liegen. Da könnte dir eine Entscheidung helfen, oder darüber zu sprechen.

Bist du sportsüchtig, könnte es dir vielleicht schwerfallen, auf leichte Weise an deine Gefühle zu kommen.

Das könnten alles deutliche, tiefere Hinweise sein wo der Mangel liegt.

**U**nerledigte Angelegenheiten nicht mehr hinausschieben und dafür keine Ausreden mehr benutzen.

**G**laubst du, dass du zu gut für deine Firma, Familie oder Sonstiges bist, täuschst du dich. Denn sonst wärst du woanders. Also akzeptieren, dass du die anderen brauchst oder treffe eine Entscheidung.

**F**amiliengeschichten nicht mehr als Hinkebein benutzen, damit man sich keine Chance geben muss auf eigenen Beinen zu stehen. Du hast ein ganz eigenes Leben, das unabhängig von deiner Familie heil sein kann.

Dir eigene Gedanken machen über den Sinn deines Lebens. Du kannst jederzeit deinem Dasein einen neuen Sinn geben.

Überlege dir oder/und schreibe auf, welche Absichten du bis jetzt verfolgt hast.

Wenn du dir selbst gegenüber wach und ehrlich wirst, könnte passieren, dass du dein Umfeld mit ganz anderen Augen siehst. Dass der Grauschleier, den du über dein Herz gezogen hast abzieht und plötzlich siehst du, dass die Welt nicht gegen dich ist.

**Nichts hat sich verändert, aber alles ist anders.**

Ist das nicht irgendwie Magie? – Und du bist der Zauberer.

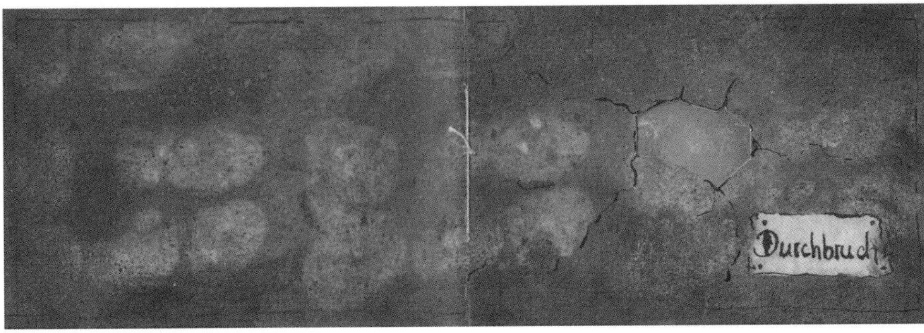


## Durchbruch

Der Durchbruch findet statt, wenn du von dir überzeugt bist.

Die meisten Menschen denken, dass der eigene Durchbruch von den anderen abhängt. Ob die anderen an dich glauben, ob sie an dein Produkt glauben, ob sie dich zulassen oder ob sie dich teilnehmen lassen usw..

Wer darauf wartet, dass ihm die anderen die Türen öffnen, geht nie durch! Es geht vielmehr um das Aufgeschlossen Sein in dir selbst. Je aufgeschlossener du bist, umso weniger Widerstand empfängst du. Was soll ich denn aufschließen? Was ist den zugeschlossen?

Eigenschaften bzw. Kräfte die man für einen Durchbruch braucht:

Selbstvertrauen

Selbstbewusstsein

Selbstachtung

Selbstliebe, die Bereitschaft sich selbst zu tragen, für sich selbst zu sorgen, auf sich selbst zu bauen, an das eigene Potential zu 100 % glauben.

Manche holen sich noch so gerne Bestätigung von anderen. Da passiert es leicht, dass danach eine Sucht entsteht, die täglich gestillt werden will. Wer Anerkennung und Bestätigung sammelt, ist noch weit vom Durchbruch entfernt.

Was muss denn durchbrochen werden?

Das Muster und das Denken über dich und das Leben.

Des Menschen Denken ist verklebt mit Lebenslügen, also Lügen über das Leben und er weiß es nicht mal. Deshalb kann er auch nichts dagegen tun, es sei denn, er beginnt sein Denken zu überdenken.

Zum Beispiel: „Die anderen werden besser sein!"

Damit verfehlt man den Sinn des Lebens, denn wer glaubt, dass nur der Schnellste, der Beste im Leben was kriegt, fängt entweder erst gar nicht an, oder er führt Krieg, weil er alle als Gegner sieht.

Dieser Gedanke zieht so eine Kette von Schwierigkeiten nach sich, der all deine Energie verbraucht noch bevor du etwas begonnen hast.

Wenn du

- dich liebst
- an dich glaubst
- dir Fehler gestattest
- deinen Freuden folgst
- großzügiger denkst
- dich von deinen Zweifeln (Nichtglaube) nicht mehr ausbremsen lässt,

dann verstehst du auch langsam den Sinn des Lebens wieder, nämlich:

Gestatte dir dein Leben, sei großzügig und tolerant zu dir selbst, wie zu einem Kind, das in Freiheit leichter lernt und wächst, als durch Druck und drohende Prophezeiungen, die den Mut und die Zuversicht schrumpfen lassen und Versagensängste wachsen lassen.

Überdenke und korrigiere entmutigende Aussagen deiner Eltern und früherer Vorgesetzter, sie glaubten vielleicht, dass durch drohende Strenge ein anständiger Mensch aus dir werden sollte, weil sie selbst eingeschüchtert wurden.

Das musst du durchbrechen, die Denkweise die die Lebensfreude verzweifeln lässt!

Es ist doch gut, dass dein Durchbruch nicht von anderen abhängig ist, sondern ob du selbst von deiner Qualität, deinen Talenten, deinem Potential überzeugt bist!

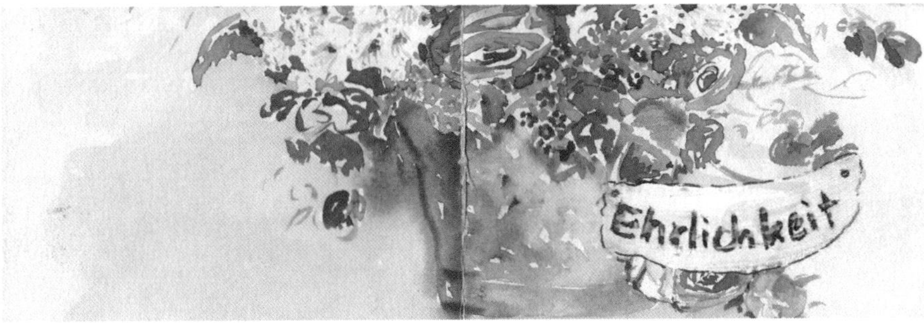


## Ehrlichkeit

Ich, die Ehrlichkeit, bin ein Geschenk für den Mutigen!

Viele glauben, Notlügen schützen, aber sie sind nur notwendig, wenn du zu dem was du tust nicht stehst. Eine Lüge zieht eine andere nach sich.

Die Ehrlichkeit wäre die unkomplizierteste und stabilste Lebensform. Doch man weiß, dass die Wahrheit in unserer Gesellschaft oft nicht gefragt ist (übersehe nicht, dass die Gesellschaft aus Menschen dieser Welt besteht, also auch aus dir). Wenn du dich in diese Abhängigkeit eingebunden hast, kannst du es dir kaum erlauben, die Wahrheit zu sagen. Wirst du unbequem und willst du diesem System nicht mehr dienen, wirst du aussortiert werden müssen.

Du stehst immer vor der Tatsache: brauchen mich die Firma, die Familie oder der Verein oder brauche ich die anderen?

Die Antwort erhältst du nur wenn du zu dir selbst ehrlich bist.

Willst du nicht wahrhaben, dass du für Eigenständigkeit zu ängstlich bist, wirst du auch dich belügen und dem System die Schuld geben für deine schwierigen Lebensumstände.

Bist du mit dir unzufrieden, vielleicht weil du dir so wenig zutraust und deshalb Dienste tun musst, die dir keine Freude bereiten, würde es dir helfen ehrlich zuzugeben, dass du mit deiner Angst vor Verantwortung froh sein könntest, dass du in einer Position unterkriechen kannst, wo andere verantwortlich sind und für deine finanzielle Existenz Sorge tragen.

Die Angst nicht geliebt oder akzeptiert zu sein, wandelt deine ehrlichen Absichten oft in aufgeblasenes Auftreten oder gespielte Bescheidenheit und du erfindest Begebenheiten um dein Gesicht nicht zu verlieren.

Die Ehrlichkeit ist etwas für mutige, tolerante und aufgeschlossene Menschen. Verheimlichst du deinem Ehemann, dass er nicht der Vater deines Kindes ist, werden Ehe und Familie auf einer Lüge aufgebaut. Eine Lüge ist ein Fundament ohne Boden, ein kräftezehrendes Loch, eine energieraubende Lebensbegleitung, die du mit keinem Medikament ausgleichen kannst. Die Wahrheit wäre eine Befreiung aus diesem Loch für alle Beteiligten.

Ehrlichkeit fordert von dir Kraft, Mut, Disziplin und Aufrichtigkeit.

Also durch Ehrlichkeit wirst du kräftig, mutig, diszipliniert und aufrichtig.

Durch Ehrlichkeit gewinnst du wieder Achtung vor dir selbst.

Erforderlich ist deine Bereitschaft zur Veränderung, wenn du aus diesem Ego-Schein-Gebäude raus willst, da du ja deine

Mitmenschen von deinem zurechtgetrimmten „Stärken" oder „Leiden" mit viel Aufwand zu überzeugen versucht hast.

Bedenkst du, dass du alle Anlagen erhalten hast, die ein lebenstüchtiger Mensch braucht und sie wegen deiner ängstlichen Vorstellung über dich oder über das Leben nicht nutzt, wirst du vielleicht verstehen, dass der Mensch seine Erfindungsgabe oft dazu nutzt, um mit Ausreden seine Angst zu tarnen.

Kleines Beispiel: Du willst einen Garten anlegen und kaufst dir dazu entsprechende Literatur. Beschäftigst du dich zuerst mit einem Buch über Ungeziefer, Schädlinge und Krankheiten und lässt dich von fäulnisbefallenen Blättern inspirieren, dann wird der Mut nicht groß werden, einen Garten anzulegen. Ein missmutiger Gärtner erzeugt einen missmutigen Garten, der Ungeziefer magisch anzieht.

Ein optimistischer Gärtner sieht das Blühen und seine Gedanken unterstützen das Blühen.

Da taucht die Frage auf: Wieso ist der eine „missmutig" und der andere „gutmütig"?

Der Missmutige könnte schon viele Leben verbracht haben, in denen er das Schöne, das Fröhliche, das Sinnliche usw. verachtet oder sogar bestraft hat, um sich vielleicht durch ein Opferdasein ein Himmelsplätzchen zu sichern. Er könnte auch bei den Machthabern zur Seite gestanden haben, die mit Liebe nicht zu vertreten war. Seitdem liegt das Schöne und Lebendige in einem für ihn unzugänglichen Bereich. Und da er es nicht haben kann, neidet er es den anderen.

Ein fröhlicher Mensch muss weniger lügen als ein missmutiger, weil der missmutige oftmals einen Sündenbock für sein schweres, unzufriedenes Leben braucht. Und dass jemand anderes daran Schuld hat, ist ja wohl gelogen. Niemand außer dir selbst ist die Ursache für dein freudloses Leben.

Ein fröhlicher Mensch meint, er sollte seinen Genuss und seine Lebensfreude verbergen, wenn ein missmutiger Moralapostel zuwider über den Gartenzaun schaut, manchmal sogar der eigene Ehepartner.

Da stellt sich doch die Frage: Wie soll die Welt denn werden?

Ein fröhliches Miteinander oder ein strenges Zurechtweisen und Verachten der verschiedenen Lebensweisen?

Gebt diesen Freudenstutzern keine Chance. Das Mittelalter, wo man für Lebenslust an den Pranger kam, ist vorbei.

Ihr müsst eure Lebensfreude nicht mehr hinter einer Lüge verbergen.

**Ihr seid Geschöpfe Gottes und eure Freuden und Interessen bringen euch in Situationen an denen ihr wachsen und reifen könnt.**

Akzeptiert eure Person und die Weise des anderen, dann wird es immer weniger nötig sein zu schwindeln oder etwas anderes darzustellen als man ist.

Akzeptierst du dich mit deinen Schwächen und Stärken, was musst du dann noch vorgaukeln.

**Erst wenn du deine Schwächen und Stärken akzeptierst, stehen sie dir zur Verfügung.**

Wenn du die Ehrlichkeit in deinem Reisegepäck dabeihast, wirst du vom Unbewussten deines Gegenübers als Ehrlicher erkannt. Das bedeutet für ihn, du lässt dir nichts vormachen und er erkennt die Aussichtslosigkeit dich betrügen zu können.

**Also, ist Ehrlichkeit nicht Dummheit sondern ein Schutz gegen die Dummheit.**

## Eifersucht

Mich nimmt man, wenn man etwas mit Eifer sucht.

Eifer habe ich, wenn ich einen Erfolg anstrebe, wenn ich ein Ziel habe.

Wer bei seinem/r Partner oder Partnerin eifersüchtig ist, der sucht ständig nach Beweisen, die seine Vorstellung bestätigen. Seine Vorstellung beherrscht ihn, lässt ihn nicht zur Ruhe kommen und vermittelt ihm ständig das Bild, dass der andere Fehltritte begeht.

Wie kommt man zu solchen Vorstellungen (Illusionen)?

Das hat ganz viel mit dem Eifersüchtigen selbst zu tun. Sein Unterbewusstsein weiß über das Verhalten seiner eigenen Vergangenheit Bescheid. Die Information lautet: „Ich bin nicht liebenswert."

Ein Mensch der sich liebenswert fühlt, hat andere Gedanken und viel weniger Befürchtungen. Die Befürchtungen mein Partner findet eine jüngere und schönere entstehen also aus der eigenen Minderwertigkeit.

Die Angst im Wettbewerb schlecht abzuschneiden, erzeugt Vorstellungen im Kopf. Der Verfolgte hat kaum eine Chance, wenn der Eifersüchtige nicht die Ursache bei sich sucht.

Dann gibt es noch weitere Varianten:
Wer glaubt für seine vergangenen Leben etwas ableiden zu müssen und die Liebe nicht verdient hat, der wird nach dem Leid richtig graben und suchen, die Tatsachen verdrehen, bis er das Ergebnis wieder hat: Er wird betrogen, hintergangen. Er oder sie kann im Leid richtig lebendig werden und man muss es auch noch der Nachbarin erzählen, weil man es auch noch bestätigt haben will. Ist sie ähnlich geartet, wird sie es auch bestätigen. Zu einer anderen Nachbarin geht man besser nicht. Sie würde dies vielleicht anzweifeln.

Eine andere Art ist eifersüchtig sein auf Schönheit, Talent oder das Gelingen von anderen Menschen.

Diese Menschen sehen das Schöne am anderen und treten sich selbst nieder. Dahinter steckt meist Angst vor Eigenverantwortung. Keinen Mut sich mal zu blamieren, sich nicht zu zeigen, damit die anderen einen nicht schlecht machen können. Diese Menschen glauben, dass das Leben ein Wettbewerb ist, in dem man gewinnt und verliert. Die Eltern haben einem das vielleicht beigebracht oder sie haben diesen Glauben schon viele Leben. Das ist auch das Ergebnis des großen Irrtums über Schuld und Unschuld. Diese Angst schuldig zu werden steckt noch in so vielen Menschen. Sie stellen deshalb ihr Licht unter den Scheffel und lassen lieber die anderen „schuldig“ werden. Wenn diesen „Schuldigen“, die aber wissen was Liebe ist, dann viel gelingt, weil sie diese Angst vor dem Urteil nicht haben, da sie selbst nicht verurteilen, dann entsteht diese Eifersucht der Ängstlichen auf die, die sich was trauen und deshalb was erreichen.

Es sind auch die, die sich was trauen, die weitergehen auch wenn es unangenehm wird. Weil sie sich den Herausforderungen stellen wollen wachsen sie daran und bekommen Selbstachtung und Selbstvertrauen.

Wer aus dieser Eifersucht raus will, sollte als erstes seine Aufmerksamkeit von den anderen weg auf sich selbst lenken. Sich Gedanken machen, ob im Leben nur hervorragende Leistungen zählen. Schimpft er auf diese Leistungsgesellschaft, ist das nur Ablenkung und Energieverschwendung.

Er muss sich darum keine Gedanken machen, sondern darüber:

**Was kann ich?**

**Wozu bin ich bereit?**

**Was traue ich mir zu?**

Und vielleicht die, denen es schon gelungen ist um Rat fragen, statt neidisch auf sie zu schimpfen.

## Energie

Alles was es gibt besteht aus mir. Mich gibt es in unendlich vielen Formen. Um zu sein brauche ich Plus und Minus. Auch der Mensch existiert durch diese Pole. Ist er in Balance, sind diese Pole im Gleichgewicht. Ist er in der Liebe ist er in Balance. Das heißt, er hat ein gesundes Kraftwerk durch Geben und Nehmen. Das eine kann ohne das andere nicht sein.

Strom kann nur erzeugt werden, wenn etwas zufließt. Der Pluspol nährt den Minuspol. Der Minuspol nährt den Pluspol.

Das Haben nährt das Brauchen und das Brauchen nährt das Haben.

Wünsche sind ein Minus-Pol und fordern vom Plus-Pol

Vertrauen ist ein Plus-Pol und nährt den Minus-Pol.

Hat der Mensch keine Wünsche, hat er keine Forderung an den Plus-Pol, und deshalb fährt er den Zuleiter herab.

Hat der Mensch wenig Vertrauen (einen schwachen Plus-Pol), dann muss er auch seine Wünsche reduzieren. Infolge dessen fährt er auch mit Schwachstrom.

Will ein Mensch viel haben, aber nichts dafür tun, hat er einen großen Minus-Pol, aber einen geringen Plus-Pol und zapft bei anderen an.

Hat er die moralische Vorstellung Geben ist seliger denn Nehmen, so läuft viel durch den Plus-Pol. Da aber die Absicht des Gebenden eine nehmende ist, wird die Energie in Minus umgepolt, somit fließen zum Empfänger Minus-Energien. Befindet sich der Empfänger in einer gesunden Balance, wird er diese Energien nicht annehmen, weil er sie in seinem Kraftwerk nicht verwenden kann. Ist der Empfänger jemand mit einem gestörten Plus-Minus-Haushalt, wird er diese annehmen. Sie werden ihn schwächen und er wird diese nervöse Energie weitergeben.

Ob Arbeit, Kunst, Schlafen, Geld usw. nehmend oder gebend sind, bestimmt der, der gibt.

Ein liebevoll mit Hand zubereiteter Apfelstrudel hat viel mehr Energie als ein Fabrikstrudel. Ein Fabrikstrudel ist gebacken, um etwas zu bekommen. Ein von Muttern gebackener, um zu geben. Damit die Mutter immer geben kann, muss sie sich vom Leben etwas nehmen. Sonst wird sie leer.

Wenn die Mutter zwecks Wertschätzung und Anerkennung einen Strudel bäckt, werden das nehmende Energien und sie wundert sich, warum die Familie unzufrieden wird, obwohl sie so viel gibt.

Geld und Sex sind spezielle Themen

Um diese beiden Angelegenheiten regieren so viele Bilder, Vorstellungen im Kopf, dass selten ein klares Fließen möglich ist.

Geld ist eine Energieform um den Austausch zu erleichtern. Um Geld fließen zu lassen, muss es durch dein Denken zum Plus-Pol werden, sonst findet es keinen Eingang in dein Leben.

Hilfreiche Affirmation:

Ich lasse Geld in seiner reinen Form in mein Leben fließen.

Mit Sex ist es das Gleiche. Menschen mit einem gesunden Kraftwerk meiden oft Sex, weil durch ihre Erinnerungen Sex mit viel Leid und Erniedrigung verbunden ist. Also ist es durch so eine Vorstellung eine Minus-Energie und kann deshalb nicht eingelassen werden.

Hilfreiche Affirmation:

Ich lasse Sexualität in ihrer gesunden Form in mein Leben fließen.

Die Ausgeglichenheit deiner Pole ist das Ergebnis deiner Lebenseinstellung.

Geben ist seliger denn nehmen, haben sich die Kirchen ausgedacht, um ihre mächtigen Paläste bauen zu können. Auf der Kirchenseite galt dann demnach: Nehmen ist seliger denn Geben.

Geben ist nicht seliger denn nehmen und

Nehmen ist nicht seliger denn geben, denn

**Das eine bedingt das andere.**

**Das ist ein Schlüssel zu einem erfüllten Leben.**

## Erfüllung

Die Muße (die Liebe) ist 100 % eins sein mit dir und deinem Wesen.

Da aber das Leben oft das Ergebnis eurer Vorstellung ist, die gefärbt ist mit Angst und Erwartungen, hat euer Tagwerk meist noch einen anderen Charakter, ein anderes Tun, als wenn ihr mit euch eins seid.

Ihr werdet von selbst begreifen und erkennen, wie und wo euer Wesen am glücklichsten ist.

Viele von euch gehen täglich Sicherheiten einkaufen und geben dafür Zeit und Energie. Oft ist der einzige Gegenwert das Geld.

Jedoch wäre die Freude die Nahrung der Seele und das Geld die Nahrung für materielle Existenz.

Wer seiner Arbeit keine Freude abgewinnen kann, oder sich keine Pausen gönnt, der wird ausgebrannt (feuerlos).

Ein Mensch der nur nach seinen Vorstellungen lebt, anstatt dessen wofür er brennt, wartet auf den Feierabend, auf das Wochenende, auf den Urlaub, auf die Rente. Er lebt in der Hoffnung, in der Erwartung: dann wird's besser, schöner, leichter. So verlebt und verwartet er sein Dasein. Die Umstände, von denen er glaubt sie würden ihn glücklich machen, brauchen ja auch seinen Einsatz, wobei er dazu zu müde ist und er doch erfüllt werden wollte. So passiert es, dass das langersehnte Haus eine Bürde wird, die gewünschten Kinder eine Belastung und der Ehepartner fordert mit der eigenen Unzufriedenheit.

Der Chef steckt in der gleichen Mühle und ist auch enttäuscht und frustriert, weil alle von ihm wollen und fordern.

Wer nur haben will, wird nie etwas haben, weil er in leerer Grundhaltung lebt und die hält seinen Mangel aufrecht!

Woher kommt der Mangel?

Wer die Welt mit der Einstellung betritt, ich will nur kriegen, führt Krieg, sieht nur Gegner, ihm wird nichts bleiben.

Wer die Welt mit der Einstellung betritt, ich lebe nur für die anderen, macht sich zum Opfer, ihm wird auch nichts bleiben.

Beide haben ihrem Leben einen anderen Sinn gegeben. Sie sind die Sklaven ihrer Vorstellung geworden.

Ein Mensch der liebt, will geben und braucht Dinge, Materialen weil er schöpferisch, erfinderisch, kreativ und neugierig ist. Und was er aus sich schöpft, wird dem anderen dienen.

Schöpfen ist unerschöpflich, nie endende Ideen und Möglichkeiten.

Ein Erfolg, der auf vorhergehende Erfahrungen baut.

Ein Liebender sorgt sich nicht, er hat keinen Anlass dazu, da sich in seinem Innersten ständig Quellen und neue Türen auftun.

Ein Liebender sieht was er hat und verspürt keinen Mangel.

Wie wird man ein Liebender?

- Lerne dich von deinen Mangelgedanken zu verabschieden.
- Glaube an das Beste
- Sprich mit deinen Quellen wie Freude, Liebe, Vertrauen, Kraft und Mut... sie warten darauf von dir genutzt zu werden.
- Vertue deine Energie nicht mit besserwissendem Gerede über Menschen, die nicht anwesend sind.
- Denke daran, dass dein Denken an Befürchtungen Erfüllung sucht.
- Erwarte nicht von anderen, dass sie für dein Glück zu sorgen haben.
- Ein anderer kann nicht für dich atmen, essen, lieben und verantwortlich sein, das ist ganz alleine deine Angelegenheit.

Erfüllung findest du im Annehmen deiner Größe, deiner Unerfahrenheit und deiner Erfahrung.

Wenn du dich schämst, weil du etwas nicht gut genug kannst, wirst du es nie können. Schämen erzeugt eine Herabsetzung deiner persönlichen Werte auf null.

Wenn du lernst, dich für Unerfahrenheit nicht zu schämen, hast du gute Chancen innerlich und äußerlich zu wachsen.

**Erfüllung hat nichts mit Anerkennung und Belohnung zu tun.**

**Erfüllt bist du, wenn du mit all deinen Anteilen in der Liebe bist.**

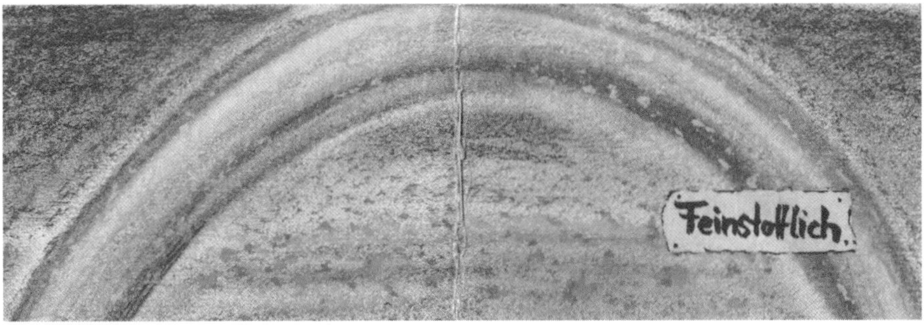


## Feinstofflich

Feinstofflich ist alles, was für das physische Auge unsichtbar ist.

Grobstofflich ist alles greif- und sichtbare.

Ich, das Feinstoffliche, bin jedoch die Essenz von allem was es gibt. Ich bestehe aus verschiedensten Qualitäten und Eigenschaften.

Die Qualität ist das Ergebnis der Vorstellung, der Lebensphilosophie und Bewusstheit seines Erzeugers.

Ein Mensch in seiner Vollkommenheit, in seiner absoluten Wahrheit, weiß wie er diese feinstoffliche Kraft nutzen kann.

Jemand der von diesem Feinstofflichen nichts wissen will, hat Angst vor dieser Macht, die ihm da möglich wäre. Wer nur glaubt, was er mit dem Auge sieht, ist abhängig von der Materie und hat Angst sie zu verlieren. Er lebt in dem Glauben: **Ich bin was ich habe.**

Der feinstofflich bewusste Mensch weiß: **Ich habe was ich bin.**

Im feinstofflichen Bereich sind Spontanheilungen möglich, weil eine Krankheit immer im eigenen psychischen Haushalt gestaltet wird.

Wer nur glaubt, was er sieht, lebt eingeschränkt in dem was er besitzt. Menschen die zu Veränderungen unfähig sind, können/wollen das Vertrauen nicht aufbringen, dass es außer dem was sie sehen, noch was für sie gibt. Je mehr Verbindung du zu deinem Herzen hast umso feinstofflicher/feiner fühlst du dich an. Feine Menschen können durchaus auch viele „Muckis“ haben.

Alles was im emotionalen Bereich stattfindet ist Mitgestalter der Materie. Ein vergrämter Mensch schafft es, dass sich sein Rücken beugt und die Knochen porös werden. Er entzieht der Materie den Fluss, das positive, nahrhafte, tragende Gefühl. Und seine Vorstellung, dass das Leben eine Bürde ist, trägt er auf den Schultern. Da können auch Präparate mit Gelatine und ähnliches den Zerfall nicht verhindern.

Wenn man bedenkt, dass Trauer, Ablehnung, Kummer, Hass und Angst die schwersten körperlichen Veränderungen hervorrufen können, so kann man auch davon ausgehen, dass durch gegenteilige Gefühle, wie Freude, Mut und Liebe der Mensch wieder ins Lot kommt.

Da viele aber nicht glauben wollen, dass das Geistige der Gestalter der Beschaffenheit ist, greifen sie lieber zu Tabletten oder tun sich Operationen an.

Es gibt mittlerweile viele Techniken, um sich in diesem feinstofflichen Bereich kundig zu machen. Die Buchläden sind damit reichlich bestückt und Meditations- und Selbstfindungskurse werden viele angeboten.

Aus Farben, Düften, Musik, Ehrlichkeit, beherztem Voranschreiten und Anpacken, Mitgefühl und vielem anderen bestückst du dein

Leben mit Baustoffen, die man nicht sieht, die aber wesentlich dafür sind, wie du im Leben stehst und wie das Leben dir begegnen kann.

Zum feinstofflichen Bereich gehören natürlich auch die Geister, alle unsichtbaren Wesen und Energien.

Du kannst davon ausgehen, je bewusster du bist, umso geringer ist die Möglichkeit Besetzungen zu haben.

Bewusst-werden kann man auch als Licht-Aufgehen bezeichnen. Und Besetzungen sitzen mit Vorliebe in Dunkelkammern, die in dir sind, weil du sie nicht betreten magst oder nicht davon weißt. Dort können sie von dir leben, oder sie wollen dich bremsen. Es könnte auch eine karmische Geschichte verbinden, die durch Hinschauen und Verzeihen befreit werden könnte.

Ein bequemer Mensch, der sich durch Ausreden aus der Verantwortung zieht, erhält geistige Unterstützung dabei. In diesem Fall werden es gescheiterte Existenzen sein, die sich selbst nicht tragen wollen. Sie besetzen den Faulenzer und geben ihm auch Gedanken ein, womöglich, dass er schlau ist und die anderen arbeiten lässt. Er kann dann von der Sozialhilfe leben. Sie leben in symbiotischem Einklang mit-einander und es hätte wenig Sinn, wenn ihm jemand helfen würde. Denn das hat erst einen Sinn, wenn er selbst seinen Arsch hochhebt und die Nase voll hat von seinem Zustand.

Die lichtvollen Geisthelfer sind an unserem Wachstum interessiert. Deshalb können sie dich nur unterstützen, wenn du auch an deinem Wachstum interessiert bist.

Wer seinen Engel bittet, einen Erleuchteten aus ihm zu machen, macht seinen Engel etwas ratlos, weil Erleuchtung mit Lebenserfahrung, Herzensgröße und Gemeinschaftsfähigkeit zu tun hat.

Wer viel Zeit mit Meditieren verbringt, jedoch beim Geschirrspülen mürrisch ist, hat das Wesentliche noch nicht verstanden.

Das Leben, die Erde gibt dir eine Chance dich kennenzulernen.

Es gibt Schmerzen um zu bemerken, wenn du von dir abgewichen bist.

Diese Vielfalt und die Freiheit alles auszuprobieren, dienen der göttlichen Absicht, damit du verstehst und erfährst, dass nur einer für deine Lebensqualität verantwortlich ist.

Und das bist du!

Du lebst auf jeden Fall in der feinstofflichen Welt. Auch wenn du sie ignorierst arbeitest du mit ihr. Bei jedem Gedanken, Wort und Kraftakt bedienst du dich ihrer.

Die Welt des feinstofflichen ist so vielfältig und wartet darauf, von dir entdeckt zu werden.

Sie will dir zeigen, wie du dein Leben mit Bewusstheit verzaubern kannst.

## Freiheit

Ich, die Freiheit, bin das Gegenteil von Flucht.

Das Annehmen deines Potentials, deiner Kräfte, deiner Befürchtungen, des Unbekannten in dir und im Außen, bringt dir Frieden und lässt dich innerlich wachsen und erstarken.

**Es gibt keine Freiheit ohne Verantwortung!**

Verantwortung tragen ist keine Last,

verantwortlich sein gibt Freiheit.

Denn alles was mit dem Sein zu tun hat, hat nur mit dir selbst zu tun.

Beispiel: so lange deine Kinder Kinder sind, liegt die Verantwortung bei dir, bis sie zur Eigenverwaltung ihres Daseins selbst fähig sind.

Es ist unverantwortlich Kompetenz abzunehmen, oder sie vor allen Erfahrungen bewahren zu wollen.

Das ist auch im Umgang mit allen Mitmenschen ratsam.

Es ist ein Irrglaube, dass man ein guter Mensch ist, wenn man zu-vor-kommend und nur rücksichtsvoll gegenüber dem Anderen ist.

Das nimmt dir die Freiheit und dem Bedienten auch!

Es liegt in unserer Freiheit, unsere Freiheit aufzugeben.

Wer Gesichertes sucht, büßt seine Freiheit und seine Unabhängigkeit ein, weil er sich auf einen Handel einlässt. Ich arbeite für dich, deine Firma, du sorgst für meine tägliche Arbeit und für mein Geld.

Wie kann man in einer Firma arbeiten und trotzdem frei sein?

Eine Firma kann durch ihr Volumen viel mehr Möglichkeiten bieten als eine eigene kleine Werkstatt. Es hat mit der Absicht und der geistigen Einstellung zu tun. Jemand der in die Firma geht, weil er dort seine Entfaltungsmöglichkeiten erkennt, wird zu einem freiwilligen Mitgestalter des Unternehmens.

Wenn der Chef aber nur Deppen neben sich haben will, die nicht nachdenken sollen, dann bist du zu wertvoll für dieses Unternehmen und suchst dir besser ein anderes.

In die Freiheit führen dich das Gefühl, deine Freuden und deine Begeisterung. Damit ist nicht gemeint, dass eine gelangweilte Hausfrau ihre Freizeit auf dem Tennisplatz verbringt, damit ihr die Decke nicht auf den Kopf fällt, sondern dass sie über ihre wahren, persönlichen Fähigkeiten nachdenkt, die ihr tiefe Freude bereiten.

Vielleicht erkennt sie dabei auch, dass viele Vorurteile ihr den Weg zur Entfaltung versperren.

**Freiheit hat also unbedingt mit der Entfaltung deines Wesens zu tun.**

Da das Unbekannte vielen Angst macht, lässt man es lieber unbekannt bleiben und lebt einen Ersatz in den unterschiedlichsten Variationen.

Über sich hinaus zu wachsen ist ein Abenteuer, das dich ständig vor gewohnte, sichere Grenzen bringt. Da wirst du mit deinen begrenzenden Befürchtungen konfrontiert, dass es dir heiß und kalt über den Rücken läuft. Die Religion wurde über viele Jahrhunderte benutzt, um solche Grenzen durch Falschaussagen über das Leben und über Gott zu errichten.

Wenn es die Liebe gibt, werden wir auch nicht bestraft.

Wer sein verirrtes Kind zurückgewinnt, wird es doch nicht in die Hölle verdammen, da kommt es im psychischen Sinne ja gerade her.

Die Liebe öffnet immer die Arme und verurteilt nicht. Sie lässt sich aber auch nicht belügen.

Es liegt auch absolut in deiner Freiheit zu glauben was du glauben möchtest.

Wenn eine Frau glauben will, dass wenn sie auch so ein Leben hat, mit Leid erfüllt wie die heilige Maria, um dadurch ebenfalls ein heiliges Wesen zu werden, dann kann sie das glauben. Sie wird dann aber ungern darüber nachdenken, wie es den restlichen Familienmitgliedern geht, wenn die Mutter das Familienglück zu ihrer persönlichen Leidensgeschichte umgestaltet. Auch wenn sie in die Kirche geht und betet für alle und jeden, ist das nur eine Unterstreichung ihres Dramas. Denn ihre Leidensgeschichte kann sie nur selbst beenden, indem sie aufhört sich zu bemitleiden und beginnt zu sehen, wie sie geliebt wird.

Es steht dir frei zu glauben, dass Schwäche und Krankheit dir die Verantwortung abnehmen, aber es ist trotzdem nicht wahr, denn du bist verantwortlich, wenn du in diesem Leben (es gibt noch viele und gab schon viele andere) nicht aus deinem Schlamassel (Schlamm-Masse) kommst und du es deiner Seele unmöglich machst, sich entfalten zu können.

Du allein bist es, der es aushalten und sich ertragen muss.

Wenn man seinen Arsch nicht in die Höhe kriegt, hat man wahrscheinlich schon viele Leben damit verbracht, sich mit Verantwortungslosigkeit seinem Wesen gegenüber zuzumüllen.

Aber das ist ja die Freiheit jedes einzelnen.

Du hast die Freiheit aus deinem Leben eine

schwammige, instabile Mogelpackung zu machen

oder

eine existentielle, dich tragende Wirklichkeit.

## Freude

Ich, die Freude, bin ein Kraftquell der Menschen.

Wer etwas ohne mich tut, holt die Kraft aus seinem Umfeld und schwächt somit die anderen.

Ich bin der Zauber, der das Leben lebenswert und blühend macht.

Man kann mich nicht kaufen, erzwingen, erbeten oder einhandeln.

Viele suchen nach mir und finden mich nicht, weil sie die Vorstellung haben, dass ich ein Verdienst, eine Belohnung bin.

Vielleicht ein Tässchen Kaffee oder einen Drink nach einem Tag voller Plage und Ärger?

Das hat aber zur Folge, dass ihr etwas um der Belohnung wegen tut und euch zwingt zu tun, was euch gar keine Freude macht. Oder ihr erlaubt euch die Freude nicht, weil da eine Angst ist, dass etwas das Freude bereitet von der Gesellschaft als wertlos und nicht ernsthaft eingestuft wird.

Erst die Arbeit, dann das Vergnügen!

Wenn du glaubst, dass Mühe und Leid dir einmal eine Eintrittskarte sichern, mit der du dann ins glückselige Himmelreich darfst, dann frage dich, wen hast du benutzt oder wie hast du es angestellt, dass du so viel von deinem begehrten Leid oder deiner so wertvollen Mühe einsammeln konntest.

Den Kampf zwischen Licht und Schatten hat der Schatten bestritten in dem er in „gut und böse", Freude und Leid, Schuld und Unschuld einteilte und dem Menschen die natürliche, fröhliche, gesunde Lebensweise unlebbar machen konnte.

Licht kämpft nicht, weil der Schatten kein Licht löschen kann, aber das Licht kann den Schatten erhellen. Der Kampf ging um das Licht in den Seelen der Menschen.

Der Schatten verteilte freud- und lebensfeindliche Gesetze und wer die Anweisungen befolgte, löschte sein Licht selbst.

Da ist doch zu erkennen wessen Werk die meisten Religionen sind: von habgierigen Menschen. Trotz allem sind diese Gesetze von der Liebe/Gott geduldet worden, damit der Mensch selbst erkennen kann, wohin es führt, wenn er seine Bedürfnisse und seine Freude verdrängt und gehorsam und anpassungsfähig wird.

Wählst du die äußere Sicherheit, wird sie von dir Handlungen verlangen, die du nicht abschlagen kannst, weil du von der Sicherheit abhängig bist.

Beklagst du dich, weil du ein freudloses Dasein hast, dann wirst du dich von anderen regieren lassen, um selbst nicht fehl zu gehen oder keine Konsequenzen tragen zu müssen.

Freude empfindest du aber nur, wenn du etwas gerne und freiwillig tust und wenn es dein Interesse ist.

Pflichterfüllung ist ein Freudenschlucker!

Ein Rezept, das dich zur Freude führt, gibt es nicht. Es ist ein Reifeprozess, viele Methoden auszuprobieren.

Was die Menschen oft hindert, ist ihr stures Verharren in ihrer jetzigen Glaubens-, Denk- und Verhaltensweise, ihre Vorstellung von Recht und Unrecht, ihre Vorliebe zu verurteilen und auch das eingeprägte Bild von einem bestrafenden und belohnenden Gott.

Während ich darüber schreibe, bemerke ich, wie weit ich mich durch Angstgedanken, die die Menschen aufbringen um nicht fehlzugehen von der Freude entferne.

Also, Freude ist das Resultat von Vertrauen, Liebe, Eigenverantwortung, Wohlwollen, Erkenntnis, Vergebung, Mut, Courage, sich einbringen, einlassen und vor allem

**sich selbst mögen!**

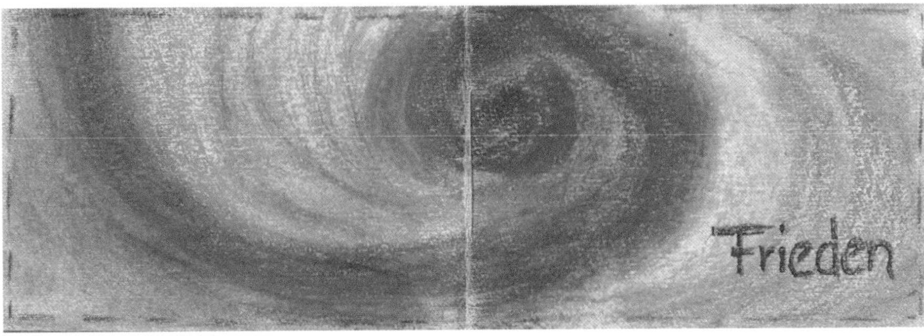


## Frieden

Ich, der Frieden, bin das Ergebnis innerer Balance, das in Einklang gebrachte Hin und Her der Gegenpole.

Der Verlust des Friedens beginnt mit dem einpoligen Anstreben des gut oder böse seins.

Schuldig oder unschuldig - mächtig oder ohnmächtig - oben oder unten sein wollen.

Das Glück ist ein tiefes, stilles, magnetisches Gefühl, das aus dem Frieden entspringt.

Ein Sein-wollen ist immer ein von dir wegbringender Wunsch.

Gehe davon aus, dass du es bist.

Ihr habt gelernt, dass ihr erst studieren müsst um jemand oder etwas zu sein. Aber gab es nicht immer wieder herausragende Persönlichkeiten aus dem einfachen Volk?

Sie sind herausragend, weil sie es sind!

Bei den Menschen ist es wie in der Natur, der eine ist eine Eiche, der andere ein Holunder. Und wenn ein Holunder glaubt, er müsse studieren, um die Stärke einer Eiche zu erreichen, wird er garantiert ein unerfülltes Dasein haben.

Die Bewertungen viel – wenig und arm – reich sind relativ und beides in der Polarität sich ergänzend.

Was bringt dich aus der Mitte? Was nimmt dir den Frieden?

- Der Vergleich mit anderen
- Das Suchen nach dem Glück
- Der Irrglaube, dass die Grausamkeit mächtiger sei, als die Liebe
- Die Vorstellung, dass es höhere und niedere Menschen gibt
- Wenn du dir mehr Pflichten als Rechte einräumst
- Wenn du glauben willst, dass die Lebensumstände nicht du bestimmst
- Wenn du glaubst schutzbedürftig zu sein
- Wenn du gefällig sein willst
- Wenn du einem Führer folgst, anstatt deiner Freude
- Wenn du Feigheit mit kraftlos tarnst
- Wenn du dir die VER-ANTWORT-UNG schuldig bleibst
- Wenn du aufgibst, ohne etwas Neues zu beginnen
- Wenn du nicht klar und deutlich bist
- Wenn du deine Ehrlichkeit mit Kompromissen schwächst
- Wenn du dich mit Moralfragen ausbremst
- Wenn du dir Liebe mit Leistung erkaufen willst
- Wenn du heilig-sein anstrebst (du bist es viel mehr als Mitmensch)
- Wenn du deine Freiheit mit Pflichten und Anpassung verdeckst

Frieden ist ein Aspekt der Liebe. Die Liebe ist ein bunter Strauß mit den Blumen: Mut, Ehrlichkeit, Muße, Weisheit, Inspiration, Initiative, Toleranz, Frohsinn, Gemeinschaft, Einzigartigkeit, Forschergeist, Bewegung, Güte, Entschlossenheit, Fragen, Antworten, Ernten, Säen, Austausch, .......

Viele gehen oft faule Kompromisse ein, weil sie von der Moral geplagt sind.

Viele nutzen diese schwammige Unentschlossenheit aus, weil sie von der Moral keine Spur in sich aufgenommen haben. (Es ist naheliegend, dass sie die Erfinder der Moral sind um die anderen leichter schröpfen zu können.)

Also, lieber Leser, wenn du Frieden in deinem Leben haben willst, dann:

Befreie dein Denken von lebensbehinderndem Unrat, ordne dein Innen- und dein Außenleben und erforsche deine Absichten.

Die Mitte ist jenseits von Gut und Böse.

Abseits der Mitte wirst du bewegt und mitgerissen, in der Mitte bist du selbst der Beweger deines Lebens.

## Gefühl

Ich, das Gefühl, bin eine Leitung für feinstoffliche Energien.

Meine Zentrale wäre die Seele.

Wer seine Sonne lebt, also mit seiner Seele im Einklang schwingt, der kann sich von seinem Gefühl tragen, leiten und wärmen lassen. Wer seine Sonne lebt, seine Liebe, seine Freude hat ein wärmendes Gefühl.

Wer die Angst, die Befürchtungen, das besorgt sein, das Berechnende lebt, hat ein kaltes, enges Gefühl.

Ich, das Gefühl melde mich, meine äußere Wahrnehmung an dich, um dir eine Orientierung zu geben.

Ich melde meine innere Wahrnehmung an dich, damit deine Weiterentwicklung, dein Wachstumsprozess fortschreiben kann.

Ich melde deinem Gegenüber Sympathie oder Antipathie.

Das Lebensgefühl entsteht aus deiner Sichtweise, bzw. deiner Vorstellung über das Leben. Wobei wir jetzt beim Verursacher des Gefühlschaos sind, nämlich beim Verstand. Der wiederum wird von dir programmiert, oder von deinem Umfeld, wenn du anderen das Denken überlässt.

Das Gefühl fließt im gesunden Zustand aus der Weisheit und würde dich sofort warnen, wenn etwas Liebloses in deine Nähe kommt.

Durch moralische Bewertungen, die du im Verstand angenommen hast, kann das Lebensgefühl eine völlig andere Bedeutung und Qualität bekommen. Durch diese Bewertung wandelt sich das Gefühl augenblicklich in ein unangenehmes, schlechtes Schuldgefühl. Folglich wird man diese Bereiche meiden, damit diese scheußlichen Zustände nicht entstehen.

Wer so etwas kennt, dem hilft es seine moralischen Werte zu überdenken, Sitten und Gebräuche zu ändern, Eigenschaften und Fähigkeiten, wie z. B. Arbeit, Sex, Freizeit, Familie und vieles mehr von den geistigen Besetzungen zu befreien.

In einer Familie wird der Grundstein gelegt, wie das Gefühlsleben als Erwachsener gelebt wird. Die Eltern fördern oder behindern die Gefühlswelt des Kindes. Auf jeden Fall haben sie großen Einfluss, ob die Angst vor dem Leben oder das Vertrauen ins Leben stark werden.

Wenn du ängstliche Eltern hast kannst du ja den Grundstein austauschen. Sonst bringt so ein zitternder Grundstein in deinem Fundament immer dein Vertrauen ins Schwanken und dein Gefühl für ein Vorhaben kann nicht stark werden.

Grundstein Beispiel:
Ein Grundstein könnte sein, meine Eltern haben mir nichts zugetraut. Neuer Stein: Ich traue mir was (alles) zu!

Das Gefühl kann sehen, hören, fühlen, abmessen, heilen, bewegen, tragen, belasten, wärmen, kühlen, dich halten u.v.m.

Dein Lebensgefühl entscheidet darüber wie dein Leben ist.

Es soll nicht nur erträglich sein, sondern mache eine Freude daraus. Befreie dich von deinen eigenen Konflikten, damit dein Gefühl durch deine Vorstellung nicht mehr so gebeutelt wird. Dann kann dein Gefühl ein Begleiter sein, wie er im gesunden Zustand ist:

**Ein verlässlicher, starker Freund, der mit dir durch Höhen und Tiefen, durch Dick und Dünn, durch leere und volle Zeiten geht.**

**Mit einem starken Gefühl zerbrichst du nicht, sondern wirst Hürden gewinnend überwinden.**

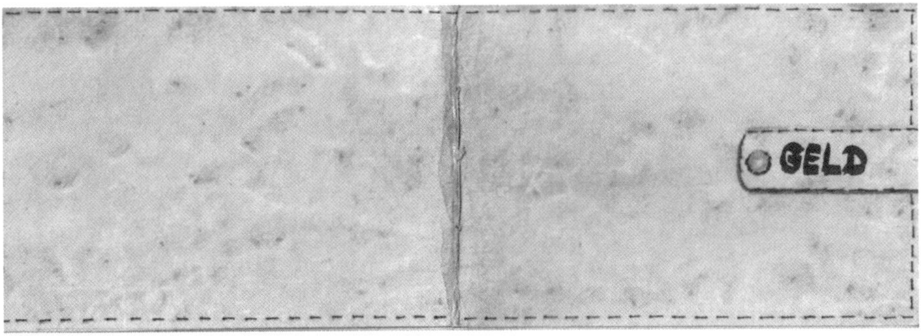


## Geld

Ich, das Geld, bin ein Ausdruck deiner Kraft, deines Denkens und deines Mutes.

Ich bin ein Medium für viele Möglichkeiten.

Wer mich festhält, dem kann ich nichts bringen.

Wer mich missachtet, den missachte ich, weil ich ja auch nur ein Spiegel meines Betrachtens bin.

Wer Angst hat, dass ich zu wenig bin, werde, der schmälert den Fluss.

Wer sein Denken dem Geld widmet und seine Energie in Geschäfte steckt, um mich zu bekommen, der wird mich auch bekommen. Aber das wirkliche Leben mit Herausforderung und seine Talente kennenlernen, könnten dabei auf der Strecke bleiben.

Glücklich ist nur, wer sich über sich selbst freuen kann. Das Glücksgefühl das von einem Haufen Geld abhängig ist, ist immer von der Angst begleitet, es zu verlieren.

Ich, das Geld, bin oft ein Problem in Familien. Aber ich bin nur scheinbar das Problem. Ursache ist das persönliche Wertgefühl der Familienmitglieder. Wer sich wenig zutraut, oder ungern teilt, der beschneidet seine Energie.

Stellt euch vor, Geld ist in Unmengen im Universum vorhanden. Um welches zu bekommen, müsste man es mit Frohsinn ausgeben. Je mehr man ausgibt, umso mehr wächst nach.

Wieso können wir das nicht glauben und haben Angst, dass es durch Verschwenden zu Ende geht?

Es liegt an unserem Denken und an unserer Erziehung.

**Erst mal musst du herausfinden, was Geld für dich ist!**

Oft ist es schmutzig, verdirbt den Charakter, ein Problem, unangenehm, Angst, verlockend, Verführung, Laster, ein notwendiges Übel usw..

Anders fühlte es sich an, wenn du sagen könntest, meine Sonne, meine Glückskinder, meine Sterntaler, stärkt und zeigt den Charakter, Chips für viele Möglichkeiten.

Betrachtet man das Geld als etwas von der Sonnenseite des Lebens, wird die Vorstellung gleich besser, dass es noch mehr gibt und auch für mich.

Betrachtet man das Geld als etwas aus der Schattenseite des Lebens, dann bekommt man Angst davor, dass es Macht über einen bekommen könnte. Sei es, weil es zu wenig oder zu viel ist.

Jedoch nicht das Geld liegt in der Schatten- oder Lichtseite, sondern du mit deinem Denken bestimmst, welche Energie dein Geld begleitet.

Das Denken, das Vertrauen, dass wir aus der Fülle leben, haben wir verloren, weil die Fülle ein Aspekt der Liebe ist.

Uns fehlt die Erinnerung an unser eigentliches Zuhause, dort wo Angst und Sorge nicht existieren, weil die Liebe so etwas aufhebt.

Wir Menschen machen den Fehler zu denken, wir sind auf der Welt um materielle Werte zu schaffen, um einen Status zu erreichen, um von anderen angesehen zu werden. Wir haben schon oft von Menschen gehört, die alles erreicht haben, um sich dann wieder von allem zu lösen, um wieder Leben zu fühlen.

Eine Firma zu leiten ist durchaus erstrebenswert, um die verschiedensten Erfahrungen machen zu können. Alle Einrichtungen und Arbeitsstellen sind in Wirklichkeit nur dazu da, damit du dich ausprobierst, erfährst, eben kennenlernen kannst.

Wer seine Zeit damit verbringt, sein Leben irgendwie zu bewältigen, versäumt viele Chancen zu wachsen. Unser Leben ist so wertvoll, weil wir dabei aus unserem Klein-sein, Klein-fühlen, Klein-denken herauswachsen können.

Durch intensives Leben, etwas riskieren und entscheiden entwickelt sich Großmut. Diese Menschen bekommen durch ihr mutiges Vorwärtsschreiten eine Ahnung davon, wie großzügig die Großzügigkeit und wie klein die Kleinheit ist.

Also ist Geld eine spezielle Angelegenheit deines Umganges mit deiner Lebendigkeit.

**Wenn du dich über deine Grenzen immer wieder hinauswachsen traust, wächst auch die Fülle mit.**

Ich, das Geld, bin davon abhängig, wie du von mir denkst, wie du von dir denkst, von deiner Moral (Moral ist oft der Gegner von Großzügigkeit) und deinem Mut zu wachsen.

**Ich bin also auch ein Ergebnis deiner Lebensphilosophie.**

Deine Seele hat einen Plan, und wenn du ihn aufspürst, wahrnimmst und verfolgst, kommst du in deinen inneren Reichtum. Wenn dir dabei ein Lottogewinn behilflich ist, wirst du ihn bekommen. Wenn du aber auf einen Lottogewinn wartest und dann erst zu leben beginnst, wartest du vergeblich.

> Wer andern gar zu wenig traut, hat Angst in allen Ecken.
> Wer gar zu viel auf andere baut, erwacht mit Schrecken.
> Es trennt sie nur ein leichter Zaun, die beiden Sorgengründer,
> zu wenig und zu viel Vertrauen sind Nachbarskinder.
>
> (Dichter unbekannt)

## Gesellschaft

Ich, die Gesellschaft, habe viele Gesichter, je nachdem wer mich betrachtet.

Nehmen wir mal nur die beiden Möglichkeiten von einem Optimisten und einem Pessimisten betrachtet zu werden. Da ist klar, wenn beide einen Bericht über mich schreiben, dieser total unterschiedlich ausfallen wird. Obwohl beide durch ihre Einstellung Mitgestalter der Gesellschaft sind.

Der Optimist sieht in mir Chancen, Menschen und Möglichkeiten die ihn unterstützen.

Der Pessimist sieht und sucht was ihn behindert.

Also, wie bin ich nun, unterstützend oder behindernd?

Ob ich krank oder gesund bin, hängt von meinen Gestaltern ab. Und dazu gehörst auf jeden Fall auch du.

Auch hier ist gültig, so wie du in den Wald hinein schreist (denkst), so schreit (denkt) es heraus.

Betrachtet mich als eine Person. Zum Beispiel als euren Gott oder euren Teufel......

Wer sich mit der Wahrheit beschäftigt, der weiß, dass die Liebe durch gelebt werden wächst und der Hass auch. Wer auf mich schimpft, macht mich trübe, träge, schwer. Und er, der "Schimpfer" lebt in mir.

Da frage ich mich, was habe ich ihm denn getan?

Wenn er, der „Schimpfer" zum Beispiel arbeitslos oder krank wird.

Ich weiß, dass der, der schimpft meist nichts für mich getan hat, außer mir die Schuld zu geben, wenn ihm sein Leben nicht gelingt.

Menschen die sich mit Beklagen und Beschuldigen über andere beschäftigen, täten gut daran vor der eigenen Haustüre oder im Haus zu kehren. Dabei könnten sie über die wirklichen Ursachen ihrer Situation stolpern.

Ich, die Gesellschaft kann nur sagen, dass ich noch nie so vielseitig und zwanglos war wie zur jetzigen Zeit. Und das habe ich den unermüdlichen Optimisten zu verdanken, die sich nicht unterkriegen lassen und dafür sorgen, dass immer neue Variationen und tolerantere Lebensweisen entdeckt und möglich werden.

Ich, die Gesellschaft bin das Werk aller, von jedem der in mir lebt. Auch wenn er meint, dass er sich von mir abgewandt hat. Gerade der lässt ungute Energien in mich fließen und er weiß nicht, dass er sich die Rückkehr zu mir nur noch schwerer macht. Denn er wird über all die Vorwürfe stolpern, die er über mich erfunden hat.

Ich bin auch der Spiegel deiner, denn ich kann tausende von Gesichtern haben. Wenn jemand nach Bestätigung sucht, dass es zu leben hier unmöglich ist, wird er dieses finden. Wenn er Unterstützung und Inspiration für sein Vorhaben sucht, wird er auch dieses in mir finden.

Die Politik ist nicht so maßgebend für meine Beschaffenheit, denn sie ist auch nur eine kleine Spalte. Aber die große Macht hätte das ganze Volk, wenn es aufhören würde einander zu bekämpfen, sich anzupassen, sich unterzustellen und wenn alle beginnen würden, bewusster zu leben. Billigprodukte kaufen macht die Gesellschaft ärmer.

Große Räuber des Wachstums und des Blühens der Gesellschaft sind der Neid und das Misstrauen untereinander. Das schwächt mich am meisten. Denn wer denn anderen nichts gönnt, kommt selbst zu nichts.

Wer glaubt, ohne persönlichen Einsatz Gewinn zu machen, bedient sich aus dem Nichts weil er Nichts hineingibt. Auch diese Klugscheißer schwächen mich. Weil sie das Gesamte Kapital reduzieren. Wer sich freut, den anderen übers Ohr gehauen zu haben, kennt nicht den Wert der Gemeinschaft, er weiß nicht, dass kein Weg letztendlich daran vorbeiführt, wieder in die Gemeinschaft zurückzukehren, weil wir alle ein Teil des Ganzen sind.

Wenn du deinen Weg gehst, schau und sortiere aus, was du für dich verwenden kannst. Das andere musst du nicht verachten, andere Menschen haben ein Bedürfnis danach. Und wenn es keiner mehr braucht, also keiner mehr belebt, stirbt es ab.

Wenn die Gesellschaft eine Bitte äußern dürfte, dann wäre es diese: Bitte hört auf mit dem Neid und der Missgunst untereinander, das ist unser größter Schwachpunkt.

Folglich wäre:

Dem Anderen Gutes zugestehen, mir selbst gutes zugestehen, der Weg aus der seelischen und materiellen Armut.

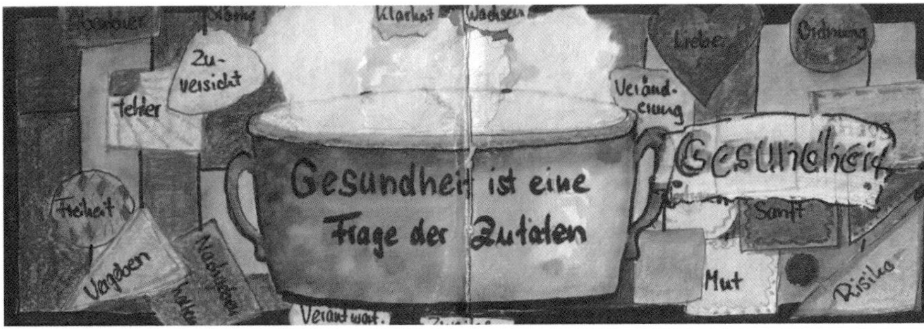


## Gesundheit

Ich, die Gesundheit, bin das Ergebnis deiner Lebensphilosophie.

„Ein gesunder Geist wohnt in einem gesunden Körper“ ist eine bekannte Aussage von einem Menschen, der sich schon vor ewigen Zeiten mit der Gesundheit beschäftigt hat.

Du hast einen Geist, eine Seele, ein Gefühl, einen Verstand, ein Gewissen, eine Persönlichkeit und ein Haus dazu, den Körper. Der Verwalter dazu bist du, dein Ich.

Alle diese wertvollen Freunde, dich ich genannt habe, bestehen aus für das Auge unsichtbaren Energien, nur der Körper hat Materie.

Da die Bewohner des Körpers ihr Befinden oft nur über den Körper zum Ausdruck bringen können, sind es keine Zufälle, wenn genau dieser Zahn oder der Rücken oder der Kopf schmerzt. Dazu gibt es bereits gute Literatur von Rüdiger Dahlke: Krankheit als Weg/Symbol, Louise Hay und anderen.

Stelle dir diese genannten Freunde als Orchester vor und du bist der Dirigent. Wenn du Angst hast, falsche Töne von dir zu geben und dafür auch noch verantwortlich zu sein, wirst du deine

Instrumente nicht pflegen und kennenlernen, sondern bist geneigt, Töne eines anderen nachzuplappern und sie auch noch auswendig zu lernen (Der arme Verstand kommt dadurch nicht in seine eigentliche Aufgabe, nämlich aus eigenen Kräften und eigenem Denken dein Leben zu gestalten). Wenn der Kopf dazu benutzt wird, deinem Gefühl nicht Oberhand zu lassen, muss sich der Verstand ein Programm zurechtdenken, um diese Unterdrückung zu rechtfertigen. Schutzhaltung vor dem Gefühl erzeugt im Kopf einen überangestrengten Überdruck und kann die Ursache für Migräne sein. Auch die Ursache von Tinnitus habe ich so schon erkennen können.

Wer es schafft, sein Gefühl zu unterdrücken, auszugrenzen oder mit moralischen Werten zu ersetzen, schafft es, dass in seinem Haushalt der Wasserfluss verkümmert. Was bedeutet, er wird hart, spröde und die Unterstützung, die das Gefühl ihm geben würde, wie Freude, Trauer, Einfühlungsvermögen, Achtung und Respekt, all das kann er nicht empfinden, wenn er die Leitung dafür stilllegt. Rheuma, Blasenprobleme und Steifheit sind Folgen davon.

Wenn du dein Gefühl deinen Freund sein lässt, kann es dir helfen mehr wahrzunehmen, mehr zu fühlen, das Leben intensiver zu erleben, Gesundes und Ungesundes rechtzeitig wahrzunehmen und spontaner zu werden.

Das Gewissen wäre ein Barometer für dich, wenn du etwas Lebenshinderndes tun würdest. Da aber geglaubt wurde oder wird, dass Gehorsamkeit Sicherheit bringt nicht fehlzugehen, haben wir mittlerweile unser Gewissen umgepolt und nun plagt es uns (Magen), wenn wir Freude möchten, mutig wären, über Grenzen gehen oder unsere Meinung sagen würden.

Dieses Beispiel erwähne ich, weil damit zum Ausdruck gebracht werden kann, dass unser Wesen aus wandelbaren Energien besteht, die wir selbst durch unsere Philosophie beeinflussen.

Die Persönlichkeit ist davon abhängig, ob du den anderen gefällig sein willst, sehr moralisch bist oder im Wettkampf stehst, in innerer Fülle oder innerer Armut lebst. Du kannst deine Persönlichkeit auch spalten. Das passiert, wenn du ein anderes Bild von dir darstellst oder etwas Erlebtes geheim halten willst. Alles was du geheim hältst ist im Dunkel und wir wissen, wo es dunkel und feucht ist, wachsen Pilze (Pilze im Darm). Man trägt auch persönliche Geheimnisse aus der Zeit früherer Leben.

Deine Seele würde dich mit Lebensmut, Motivation, Freude, Respekt, Achtsamkeit und Herzensgröße beflügeln, wenn du dich aber mit Bescheidenheit, Opferdasein und Kleinhalten beschäftigst, wird sie traurig und müde, dein Hormonhaushalt wird irritiert. Schwermut und Depression sind die Folgen davon. Da kannst du noch so viele Tabletten, Essenzen, Gebete, Edelsteine oder was dir sonst noch einfällt anwenden. Deinen Seelenvorhang aus falscher Bescheidenheit oder Selbstbestrafung lösen Tabletten nicht auf, weil deine Angst ihn immer wieder herstellt. Deine Seele braucht Freiheit - keine Gesetze, Achtsamkeit – keine Moral, freudiges Schaffen – keine Pflicht, neue Wege – keine ausgetretenen, eine Portion Abenteuer – statt ständige Sicherheiten.

Wenn du deinem Sicherheitsdenken entkommen kannst, dann erst ist es deinem Geist möglich, dich zu inspirieren, zu begeistern. Er ist es, der dir Leichtigkeit und Zuversicht vermittelt, der dich mit neuen Ideen und lichten Momenten unterstützt. Er braucht dein Vertrauen in das Göttliche, in die Liebe. Wenn du deinen Kopf in den Sand steckst, um dich nicht verändern zu müssen, respektiert er das und wartet bis du für ihn bereit bist. Ich habe noch keinen kranken Geist gesehen, aber oft einen kranken Verstand. Es gibt Menschen mit der Begabung, sich mit den gesunden oder kranken Energien zu unterhalten und zu erkennen, wie der Mangel ausgeglichen, also wieder ins Heil gebracht werden kann. Auch bei Kranken, die selbst nicht sprechen können (kleine Kinder, Komapatienten).

Krankheit ist ein von dir selbst verursachter Mangelzustand. Deine Philosophie, deine Lebensanschauung sind maßgebend,

ob du ein ängstliches oder mutiges Leben führst,

ob du ein ängstliches oder mutiges Denken hast,

ob du aus dem Mangel oder aus der Fülle lebst,

ob du aus der Nicht-Liebe oder aus der Liebe lebst.

Wenn du krank bist, bist du irgendwo von dir abgewichen. Dein Körper gibt dir Signale und du kannst lernen, sie zu beachten und zu verstehen. Kleine Signale müssen nicht zu einem großen Alarm werden, wenn du achtsam mit dir umgehst.

Auf dem Planeten Erde haben wir einen Körper, damit uns unser inneres Ungleichgewicht bewusst wird, eben durch Schmerzen.

Schmerzen sind immer ein Zuviel oder Zuwenig an Energie.

Wer mit sich in Balance ist, spürt seinen Körper als etwas Sympathisches, Angenehmes, Geschmeidiges.

Auch im Alter muss er nicht spröde werden, wenn du dich mit

Spannung – Entspannung,

Ernst – Humor

durch das Leben geleitest.

Wenn du herausfinden möchtest, wo der Knoten in deinem Denken, in deinem Befinden ist und du den Pfad der Selbsterkenntnis betreten willst, könnte diese Sammlung meiner Weisheiten dir als Orakel dienen.

Zieh eins heraus, lies es langsam durch, vielleicht geht dir ein Licht auf und du findest selbst die Antwort.

**Gesundheit ist ein Geschenk der Liebe, wenn du sie in dein Leben lässt.**

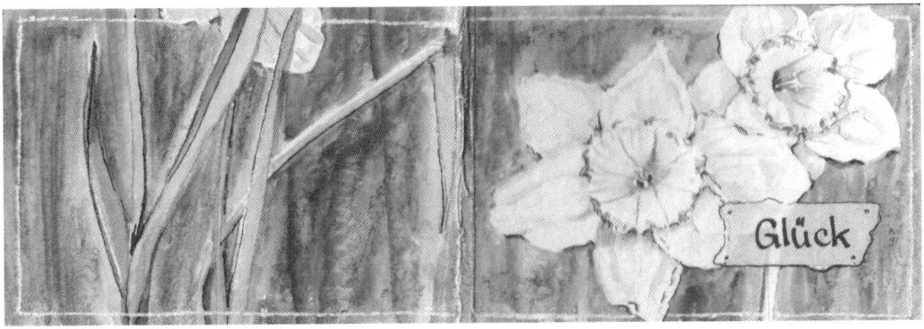


## Glück

Ich, das Glück, bin immer da, auch wenn der Mensch mich gerade nicht wahrnimmt.

Ich bin ein Aspekt der Liebe.

Der Mensch ist geneigt, nach einer Belohnung zu trachten. Er will glauben, dass man für Mühe und Plage belohnt wird. Also wird er sich eine Bürde auferlegen um dann irgendwann die Belohnung (Entschädigung?) dafür zu erhalten. Aber Bürde tragen ist kein glücklicher Zustand. Und was kann man alles zu seiner Bürde machen? Arbeit, Kinder, den Alltag, die Ehe, das Haus, den Garten, die Eltern, ein Ehrenamt usw.

Die Gesundheit wird zur Krankheit, die Ehe zur freudlosen Gefangenschaft, die Kinder meiden das Zusammensein, die Arbeit zermürbt dich, das Ehrenamt nimmt dir die Zeit. Aber wer in dem Glauben lebt, je größer die Bürde, umso größer die Belohnung, wird daran festhalten und den Dingen keine Freude abgewinnen.

Man darf so einem Menschen auch nichts abnehmen, denn da wird er egoistisch. Er will doch die Belohnung haben. Seine Bürde gehört ihm und da lässt er sich auch nichts nehmen.

Wer so denkt, lebt außerhalb der Liebe und ist ungesund egoistisch. Seine Mitmenschen werden oft neben ihm ein schlechtes Gewissen haben, das er durch seine leidende, abgearbeitete Ausstrahlung erzeugt.

Dieses Programm ist im Denken und kann durch Bewusst-werden geändert werden.

Das Glück ist in diesem Falle nur Zaungast. Jetzt glücklich sein, wäre ein Vernichten seines Plans. Er müsste sich eingestehen, dass die ganze anstrengende Mühe vergebliche Zeit- und Energieverschwendung waren.

Er war ein Glück-Vertreiber.

Wofür sollte er entschädigt werden? Er wollte es doch so!

Speziell bei Frauen ist oft zu erkennen, dass sie eine tiefe Prägung haben von: Lust ist die Tür zum Schlechten. Durch diese Tür geht nur, wer schlecht ist. In Wahrheit ist Lust eine intensive Freude. Lust zum Brav sein ist unnatürlich.

Frauen, die sich vor der Türe „Lust" aufhalten, können pflichtbewusst, fürsorglich, fleißig, kontrolliert, immer für andere da, schwesterlich und mütterlich sein. Aber sie können keine Geliebte sein. Denn diese Lebenslust öffnet die Menschen fürs Ganze.

Blumen hegen, pflegen und bearbeiten ist etwas anderes als sie verstehen und mit ihnen Leben. Das Glück kann hier nur bescheiden einziehen, eben so viel wie noch zu kontrollieren ist, dass man nicht in den „Lustrausch" gerät.

Aber, wäre das nicht Glückseligkeit?

Dieser Zustand wäre der Glücklichste und der Natürlichste.

Den kann nur haben wer vor der Liebe keine Angst hat.

Bedenken, wie was denken die anderen von mir, und wenn ich wieder alles verliere, wenn ich mir das nur einbilde, ich will keinen Neid erregen usw. stehen dem Glück im Weg.

Diese Bedenken veranlassen den Menschen, dass er eher sein Leid zeigt, weil der andere damit umgehen kann, davon hat er auch genug. Dafür hat man Verständnis.

Aber:

Keine Probleme haben, strotz gesund sein, keine Angst um den Arbeitsplatz zu haben, dem Leben zu vertrauen, statt den Versicherungen, das ist abartig und unrealistisch.

Siehst du lieber Leser, deshalb tut sich das Glück so schwer bei den Menschen einzuziehen. Sie trauen dem Glück nicht!

Denk nach! Wenn du das Glück nicht einlässt, hast du ständig das Unglück bei dir. Und dann musst du wieder investieren um den Schaden klein zu halten.

Und funktioniert das?

Nein, den dein Denken ist die Einladung für Glück oder Ärger.

Dein feinstoffliches Energiefeld ist voller Botschaften und Informationen über dich. Diese haben mehr Einfluss auf dein Leben, als das was du sprichst.

Auch wenn du z. B. tausendmal sagst, „ich will einen Partner“, hat dein feinstoffliches Energiefeld eine andere Aussage.

Schon allein, dass du sagst, ich will glücklich sein, beinhaltet in Wahrheit, dass du bis jetzt nicht bereit warst dazu.

Sei es deshalb, weil du über das Leben zu wenig weißt, oder dich vor der Verantwortung scheust, oder du nur tust als ob und es gar nicht so meinst.

Meditation:
Du bist an einem Bahnhof und drei Züge stehen dir zur Auswahl.

Einer ist defekt und du kannst tun, als ob du es nicht wüsstest und steigst ein.

Einer fährt im großen Kreis und bringt dich hin, wo du jetzt schon bist.

Einer fährt ins Unbekannte.

**Glück ist ein Ergebnis des Vertrauens in die Liebe.**

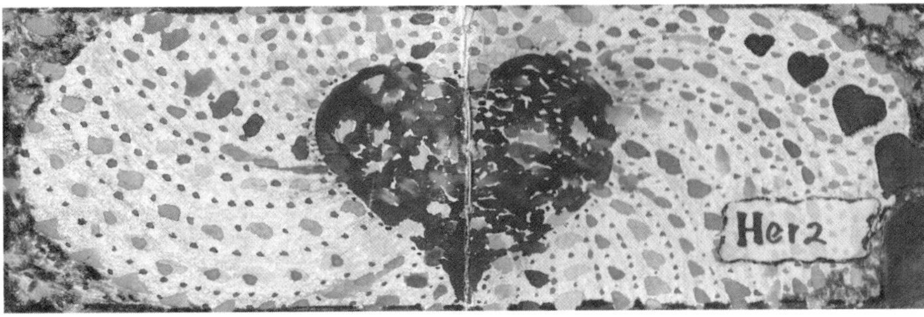


## Herz

Ich, das Herz, bin die Mitte des Lebens, das tragende und allumfassende Zentrum. Ich bin das Allmächtige in dir, ich bin der Magier. Mein Zauber hat die Macht, alles gedeihen zu lassen und Unfrieden in Nichts zu verwandeln.

Alles was du ohne mich erzeugst, ist ein Produkt des Nurnehmens, und somit nimmt es dem Geber und dem Nehmer.

Häufig hat die Denkweise der Menschen die Rechnung ohne mich gemacht, das heißt sie haben nur gerechnet um zu bekommen.

Der Mensch glaubt nicht an die Fülle im Gefühl, im Herzen. Denn was hätte das Leben für einen Sinn, wenn es keinen Sieger gäbe, keinen Oberen und Unteren, keine Belohnung und Bestrafung, keinen Stärkeren und Schwächeren, keinen Reichtum, den es zu erreichen gilt, keine Schönheit, die es zu kaufen gibt. Aber das sind alles Rennereien am Glück vorbei, alles Aufgaben für den Kopf.

Er muss denken, rechnen, berechnen, leugnen, Wahrheit vortäuschen (ehrlich gesagt), ein Programm gestalten in dem er nur eine Aufgabe hat, nämlich dem Glück hinterherzujagen. Sei es, dass du dein Glück im Erfolg siehst, in der Schönheit, im Verzicht, in der Fülle, in der Einsamkeit, auf Partys usw.. Du sagst deinem Verstand welches Ziel du hast und er macht einen Plan für dich. Aber ein Ziel ist immer ein Ziel, das weit weg ist und nie ein Jetzt. Das Jetzt hätte mit mir, dem Herz zu tun. Du könntest mich jetzt spüren, haben, annehmen und kennenlernen.

Meditation:
Du hast von irgendjemandem gesagt bekommen, „hinter dem Berg liegt dein Glück. Und wenn du den überwunden hast, bekommst du es.“

Betrachte diesen Berg..........

In deiner Vorstellung bleibt der Berg immer gleich groß, jeden Tag stehst du an derselben Stelle und beginnst täglich diesen Berg zu bezwingen. Jetzt wird der Berg lebendig und offenbart dir deine Vorstellung vom Glück.... Du siehst Menschen, die wie du auch ihren Berg bezwingen. Schau mal wie sie miteinander umgehen und was sie in Wirklichkeit bezwingen?

Wer größer, klüger, stärker, kleiner, dümmer, schwächer etc. als die anderen sein möchte, oder Vegetarier ist, obwohl ihm Fleisch schmecken würde, legt sich eine Geißel auf. Nämlich die, ständig seine Natur, sein Wesen, sein Herz zu übergehen, um seiner Vorstellung nach ein Ziel zu erreichen.

Ich, das Herz, wäre der Kontakt zum Universum.

Wer mich umgeht, hat die Qualitäten nicht, die das Leben lebenswert machen.

Das absolute Gefühl

- Genug zu haben

- Das Leben ist ein Geschenk
- Das Leben dient dir
- Du bist unterstützt
- Du bist einzigartig, nicht vergleichbar, dein Nachbar ebenso.
- Das Leben ist dazu da, viel zu erfahren, besonders dich.

Also,

wenn es dir um Wettkampf geht, dann siehst du im Spiegel Menschen, die dich besiegen wollen.

Wenn es darum geht, die Schönste zu sein, siehst du immer Menschen die schöner sind als du.

Bist du ein Mensch, der das Blühen unterstützt, siehst du Menschen, die auch dein Blühen unterstützen.

Willst du ein Mensch sein, der die anderen unterstützt, damit du unterstützt wirst, dann siehst du Menschen, die dir ebenfalls etwas anbieten um zu bekommen.

Es stellt sich die Frage: „Wie werde ich dieses Denken los?"

Ein neues Bild:

Jemand erzählt dir, hinter dem Berg liegt dein Glück. Dann wirst du stutzig und überlegst dir, wie kommt mein Glück denn hinter den Berg?

Antwort:

Durch dein Denken!

Wenn du weißt und fühlst, dass das Glück nur in dir selber sein kann, was würdest du dann dem sagen, der dir dein Glück verkaufen will, mit seinen Fitnessgeräten, seinen Glückspillen, seiner neueste Mode, seiner Lebensphilosophie, seinen Ablassangeboten?

**Glück ist, wenn man seinen Irrtum erkennt.**

**Glück ist, dass es die Vergebung gibt.**

**Glück ist nicht für Auserwählte; Glück setzt deine Bereitschaft dafür voraus!**

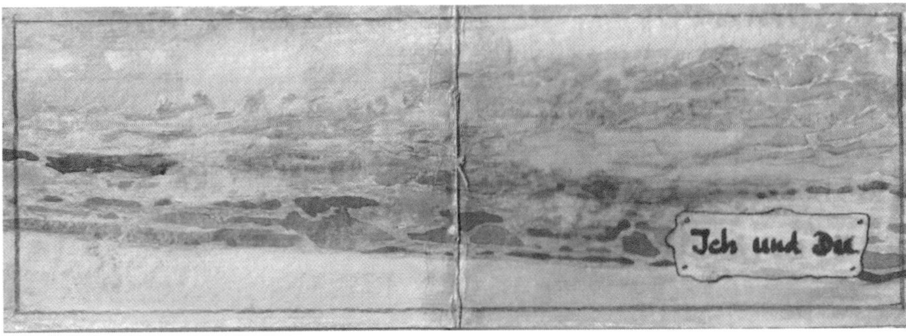


## Ich und Du

Ich bin das Ganze, das Göttliche. Du bist dabei, deine Vorstellung zu erfahren und bist getrennt von mir.

Ich wäre deine Mitte, dein Zentrum, dein Frieden.

Ich habe alles.

Die Vertreibung aus dem Paradies geschah durch die Vertreibung, Verleugnung des Ichs.

Indem du den irreführenden Religionen Glauben schenktest, dass du klein und unwissend bist. Dadurch geschieht die Trennung vom Ich.

Mit mir ist klein und unwissend sein nicht möglich.

Wenn du mit mir Eins bist, gibt es kein Ich und Du, wir sind ja Eins!

Ich bin du und du bist ich.

Wer sich von mir trennt ist irgendwann wieder auf der Suche nach mir. Erst mal sucht er den Anderen auf um Bestätigung zu bekommen, dass er ist, dass es ihn gibt. Er sucht auch den

Vergleich. Er stellt sich neben einen „Schlechten" um an sich das „Gute" zu sehen. Er stellt sich aber auch gerne neben jemanden „Angesehenen" um in seinem Schein mitzuglänzen.

Mancher kann seinen Schatten, seinen Mangel (den Verlust vom ich) nicht ertragen und glaubt, wenn er am anderen repariert, wird seine Welt heil. Aber er erreicht damit das Gegenteil. Denn wenn du am anderen ständig die Mängel ansprichst, werden sie mehr und der Betreffende geht dir aus dem Weg. Rechthaberei, Belehren, Kritisieren, von Oben herab sind Eigenschaften eines Menschen, der von mir getrennt ist.

Ich würde den Mitmenschen nicht kritisieren, sondern ihn lieben, seine Erfahrungen machen lassen und ihn liebevoll ins Bewusst-Sein bringen.

Manchen Menschen war es zu schwer und zu mühevoll, mich zu leben. Sie wollten den schnellen Erfolg, die Macht, das Überlegen sein. Oder auch das Unterlegen sein, um die Verantwortung auf den Überlegenen zu projizieren. Sie begannen mich zu verleugnen und fielen ihren eigenen Götzen Namens Macht und Gier zum Opfer.

Dieses Ziel schluckt dein Leben, deine Liebe und du hast immer mehr das Gefühl, wenn dein Machtgebilde dich nicht bedient, existierst du nicht.

In Wahrheit bedienst du das Machtgebilde und investierst deine Kraft nicht in dein Leben, sondern in bodenlosen, lieblosen Selbstbetrug.

Diese Menschen haben ohne ihr „Gebilde" große Angst ein Niemand zu sein. Was auch so ist! Denn ohne mich bist du nur deine

Vorstellung und spürst mich nicht. Und wenn du nicht spürst, spürst du auch dich selbst nicht.

Der Mensch ist nach dieser Irreführung wieder auf der Suche nach mir.

Wo und wie findet er mich?

- Baue dein Mangeldenken ab.
- Erlaube dir neue Wege.
- Suche nicht von deinem Gegenüber Bestätigung sondern Ehrlichkeit
- Schenke deinem Gegenüber auch deine Ehrlichkeit.
- Es gibt nichts Schlechtes – außer es fehlt das Gute dabei.
- Akzeptiere deinen Ist-Zustand. Wenn du dir Traurigkeit nicht eingestehst, kann sie nicht heilen.
- Hab um dich keine Angst, dann kann ich dir helfen.

Ich und du sind nicht total trennbar. Ich bin jedoch bei vielen stillgelegt. Aber die Zeit ist reif, weil der Mensch reif ist, wieder nach mir zu suchen. Er will sich von falschen Lehren und Vorstellungen trennen.

Mit mir wird das Leben reicher, ergiebiger, interessanter, unabhängig und glücklich.

Du hast mich versteckt hinter Ausreden, Ungläubigkeit, Schwächen, Stärken, Krankheiten und scheinbaren Pflichten.

**Habe Mut dein Denken zu überdenken!**

## Illusion und Phantasie

Ich, die Illusion, bin dazu da, dem Menschen zu helfen, die Wirklichkeit zu nehmen. Das kann sowohl hilfreich, als auch behindernd sein.

Hilfreich bin ich, wenn ich z. B. ein Kind durch eine Zeit begleite, in der es eine Situation nicht ertragen kann. Ich helfe, wenn die Umstände, das Umfeld oder die Zustände eine existentielle Lebensbedrohung für das Kind sind. Dann ermögliche ich eine Fluchtmöglichkeit in eine heile Welt, nach der Vorstellung meines Gestalters. Manchmal auch mit Unterstützung von Geistwesen.

Ist die Absicht des Kindes leben zu können, wird es eines Tages, wenn es selbst stark genug ist, die Illusionsblase verlassen und die eigene Welt wieder zulassen.

Ist es aber eine Flucht vor der Vergangenheit oder aus der Eigenverantwortung, wird die Illusionsblase behalten und weitergepflegt, geschützt und verteidigt.

Die Illusion, die der Flucht aus der Vergangenheit dienen soll, braucht viel Pflege und Nahrung. Das heißt, diese Menschen verbringen ihre Zeit damit, Material, Literatur, Beweise usw. zu sammeln, die sie in ihrer Illusion weiterschlafen lassen. Für etwas anderes sind sie nicht offen, nicht interessiert, nicht empfänglich.

Scheinheiligkeit, der Größte oder der Kleinste sein, nicht gesund zu sein, bedroht zu werden, gemobbt zu werden, nicht leben zu können, das sind oft nur Variationen der Illusion, Ergebnisse von deinem Wunsch- oder Angstdenken.

Die Illusion dient immer einem Zweck, nämlich das eigentliche Leben in dir zu schützen. Aus welchem Grund auch immer. Aber die Illusion ist, wenn man sie nicht verlässt, eine Gefangenschaft, in der keine Veränderung oder Entwicklung möglich ist.

Willst du aus ihr raus, dann lasse dir die Bilder bewusst werden oder suche dir jemanden, der diese Illusionsbilder sehen kann, sie dir bewusst macht und du sie dann löschen kannst.

Ich, die Phantasie, bin dazu da, dem Menschen durch kreatives Denken und Fühlen eine Möglichkeit zu geben, seine Welt nach seinen Wünschen zu gestalten.

Durch kreative, bewusste Phantasie rufst du dir Möglichkeiten, Dinge auf deinen Plan.

Die Phantasie ist von ihrem Gestalter abhängig. Wer mehr Angst als Vertrauen hat, mit dem kann die Phantasie durchgehen und ihn überall Feinde, Misserfolg, Katastrophen und Probleme sehen und erschaffen lassen.

Wer sich der göttlichen Kraft der Phantasie bewusst ist, kann sie nutzen und damit seine Welt Wirklichkeit werden lassen. Zuerst auf der psychischen dann auf der physischen Ebene.

**Die Phantasie ist das Tor zur Werkstatt der Gestalter!**

Ohne sie wird aus deinem Leben ein Trott, eine Mühle, ein ohnmächtiges Dasein.

Möchtest du eine gesunde Phantasie haben, solltest du dich erst aus der Illusion herauslösen. Da ja Angst, Schmerz, Macht-Ohnmacht Programme der Illusion sind und sie dich der positiven Kraft berauben.

Wer Freundschaft mit der Phantasie schließt, kann damit Illusionen schwinden lassen und selbst wieder aus seinem faden oder gehetzten Leben ein interessantes entstehen lassen.

Die Phantasie wartet auf dich. Sie stellt dir eine Leinwand vor deinem geistigen Auge zur Verfügung, auf der du der Regisseur bist.

**Trau dich!**
**Der Gestalter deines Lebens bist auf jeden Fall du selbst.**

Auch wenn du dir befehlen lässt. Dann hast du dein Leben ebenso gestaltet, dann bist du der Befehlsempfänger.

Gefällt dir das nicht mehr, hole die Phantasie mit ihrer Leinwand hervor und gebe ihr eine neue Möglichkeit.

**Sei dir jedoch bewusst, es wirkt!**

**Der Phantasie sind keine Grenzen gesetzt!**

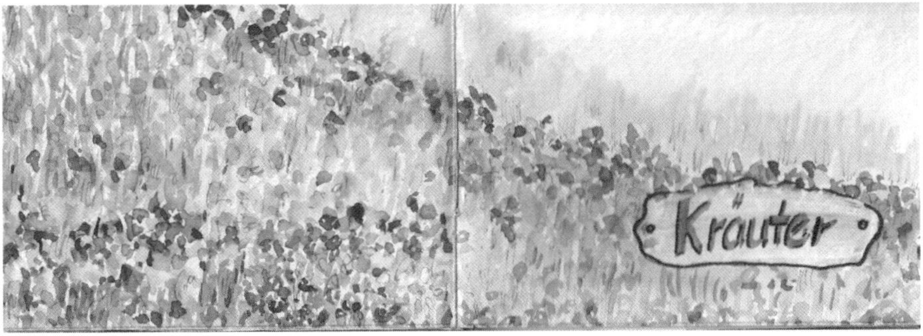


## Kräuter

Liebe Kräuterfreunde, mit diesem Büchlein gebe ich Informationen, dir mir die Pflanzen mitteilen.

Ich habe wenig Wissen über ihre Inhaltsstoffe und chemischen Bestandteile, da das für meine Arbeit nicht brauchbar ist.

Meine Art mit Pflanzen umzugehen ist ihr Wesen zu verstehen und ihre Botschaften zu empfangen.

Sie möchten des Menschen Wesen berühren und durch Schwingungen ihre Informationen übertragen. Das passiert beim Spaziergang, wenn du dein Umfeld aufmerksam auf dich wirken lässt oder auch in Form von Tees oder Kräuterkissen.

Unterstützend, also noch wirksamer ist es, wenn sich der Kräuterfreund achtsam, mit Respekt von den Geschenken der Natur bedient und beschenkt.

Die Pflanzen wollen die seelischen Zustände in Harmonie bringen und fehlende oder geschwächte Informationen, wie z. B. Nachgiebigkeit bei der Birke oder Standfestigkeit bei der Eiche, auf dich übertragen und bestärken.

Augentrost

Hilft seelischen Kummer im Kopf zu verarbeiten.

Birke

Hilft bei Rückensteifheit, bringt Flexibilität, macht biegsam, löst Blockaden im Denken, unterstützt das Gefühl, also den Wasserfluss.

Brennnessel

Sich am Riemen reißen, gegen Gleichgültigkeit, hilft sich abzugrenzen, erinnert an die Abwehr; unterstützt Gruppenarbeit.

Erdbeerblätter

Sanftmut, verzeihen, löst Krämpfe, unterstützt deine Heilkraft.

Eichenblätter

Standhaftigkeit, Verantwortung, Stabilität im Kopf, Standpunkt, zu dir stehen, durchstehen, gut bei Lampenfieber oder Prüfungsangst.

Hagebutte

Erinnert dich, das Ergebnis deines Lebens zu akzeptieren und dich daran zu freuen; Frieden mit dir schließen; Ende beinhaltet immer Neubeginn.

Holunderblüten

Auflockerung, Hoffnung, loslassen, neue Möglichkeiten zulassen.

Fliederblüten

Umwandler von Sorge in Freude

Frauenmantel

Schutz, Geborgenheit, Heilung, Frieden für die sinnlichen Organe.

Kamille

Sanftmut, heilen, vergeben, Geduld, Friede.

Königskerze

Dem Licht sich zuwenden, aufrichtig werden.

Johanniskraut

Licht, Mut, Opferdasein aufgeben, Angsttransformator, hilft dir selbst ein Freund zu sein.

Lindenblüte

Befreiung, loslassen, Großmut, Freude, Licht, Vertrauen, hilft über eine neue Schwelle zu gehen.

Lavendel

Reinigend, Aufforderung zur Wahrheit, Aufrichtung in Gedanken, Frieden, Selbstverständlichkeit.

Mistel

Unterstützt den Zugang zur Spiritualität, erinnert an höhere Ziele.

Pfefferminze

Schafft klare Gedanken, hilft mit dem Alten abzuschließen.

Rhabarberwurzel

Kraftgebend, besonders für den Darm, wenn der Stuhlgang zu weich oder auch zu fest ist.

Rose

Erhellt das Gemüt, erleichtert die Lebensanschauung.

Rosmarin

Nimmt die Dramatik; Einsicht, Mut, Anpacken, Motivation.

Ringelblume

Erinnerung an verborgene Freuden, lässt alte Wunden heilen.

Salbei

Entgiften von ungesunden Gedanken und anderen ungesunden Energien.

Schlüsselblume

Alte, tiefliegende Probleme entschlüsseln, erkennen, begreifen, heilen.

Schafgarbe

Licht, Kraft, Antrieb, Vorwärts, Optimismus, Hoffnung.

Taubnessel, rot, weiß, gelb

Kraft, stärkt die Weiblichkeit, löst sinnliche Traumata.

Thymian

Macht die Einfachheit der Liebe bewusst; nimmt Herzbelastungen.

Veilchen

Mit sich Frieden schließe, aufhören ein falsches Bild von sich zu geben.

Waldmeister

Hoffnung, Erlaubnis für ein freudiges Dasein.

Wegwarte

Den Weg des Herzens wieder finden.

Weißdornblüten

Mut hervorzubringen, eigene Unterdrückung beenden; seine äußere und innere Schönheit zu leben.

Weißdornbeeren

Versöhnen dich mit deinem Werk, mit deinem Leben, helfen dir, dich über dich selbst zu freuen.

Weide

In Fluss zu kommen, wenn nötig Trauer zulassen. Alles was deiner Heilung dient zulassen, was hindert loslassen.

Zinnkraut

Entfernt alte Ablagerungen, krummes Rückgrat durch Unehrlichkeit, Aufforderung zur Wahrheit.

Zitronenmelisse

Befreit von ängstlichen Gedanken und beruhigt.

## Küchenkräuter

Basilikum

Frische, „pfeffrig", anregend, aufmunternd

Dill

Heiterkeit, hilft beim Verarbeiten von Erlebtem

Kapuzinerkresse

Erfrischend, lebendig, vermittelt Lebenslust

Petersilie

Möchte Bauchgefühl (Chakra) stärken; lenkt vom Verstand ins Gefühl.

Schnittlauch

Aufforderung Unangenehmes anzugehen und durchzustehen, wie z. B. Anfrage um eine Gehaltserhöhung oder ähnliches.

Rucola

Reinigt und unterstützt den Darm

Knoblauch

Zieht die emotionalen Gifte an sich und hilft sie auszuschneiden

Zwiebel

Hilft dir deine Tiefen zu spüren, dich frei zu schälen, Weinen-Gefühle

Kartoffel

Nahrung und Geborgenheit durch Mutter Erde

Paprika

Süß und scharf; Appetit auf mehr Würze im Leben

Wasser

Erinnert dich, dass alles lebendige im Fluss sein muss, sonst beginnt es zu sterben, Träger des Lebens.

## Kreativität

*Purpur füllt sich mein Bauch, wenn ich an mein kunterbuntes Leben denke. Lustig und lebensfroh mit einer Frische, verfall ich dem Charme meiner Buntstiftfarben. Rezepte der Lebensart mit viel Liebe entstehen dabei. Verliebt in meine verschwenderische Freude aus vollem Herzen zu leben, entdecke ich meine verborgenen Leidenschaften. Jetzt erst blüht meine Phantasie richtig auf. Trübe triste Tage gibt's nur noch in der Erinnerung, weil ich jetzt das verwunschene Paradies betrete.*

Ich, die Kreativität, gehöre zu dem schönsten Lebensgefühl der Menschheit.

Reden wir von Kreativität im Sinne von schaffen, erschaffen, schöpferisch, erfinderisch, sinnlich sein und das Beste aus dir aktiv werden lassen. Ich kann dich weitertragen in Gefilde, jenseits deiner Vorstellung. Ich helfe dir unbekannte, neuartige Dinge und Möglichkeiten zu entdecken.

Ich bin ein Türöffner für die neue Zeit. Wer sich vertraut, sich kennt, sich selbst führt und gleichzeitig führen lässt, kann sich mit mir einlassen und alles bisherige, schon bekannte hinter sich lassen und neue Ideen und Inspiration erfahren.

Das sind Menschen, die die anderen in eine neue Ära führen, indem sie bereit sind, sich zu blamieren, Unmögliches möglich zu machen. Sie haben Kraft und Courage allein dazustehen.

Aber sei dir sicher, wenn du diesen Alleinweg gehst (du kannst ihn nicht gehen, wenn dich jemand an der Hand halten muss, dann fehlt dir nämlich das nötige Vertrauen) werden dir diese Ideen, Möglichkeiten in den Schoß gelegt.

Denn der Himmel wartet darauf, sich durch dich zu leben und du durch ihn.

Erhebt eure Köpfe und Herzen,

lasst den höchsten, besten Gedanken gelten,

er ist die göttliche Verbindung zu uns.

Mit Sorg- und Leidgedanken in dir können wir dir nichts vermitteln.

Erst wenn du begreifst, dass du dich aufrichten musst und nicht die anderen dich, wird es möglich werden, dich zu inspirieren und dich zu führen.

*Die Vielfalt des Lebens verleiht mir Kraft und ein Mich-kennen-lernen. Somit wird mein Leben immer mehr Genuss.*

*Vieles liegt noch im Verborgenen, aber mein Mut lässt es hervortreten.*

*Dabei werde ich leuchtend.*

*Das Ganze entwickelt sich zur LIEBE.*

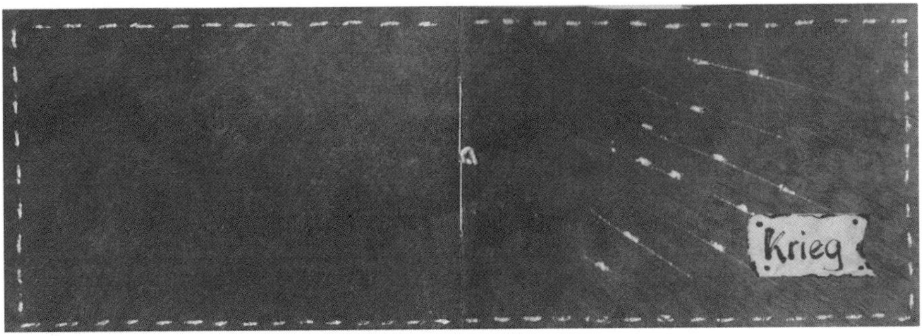


## Krieg

Ich, der Krieg, bin ein Produkt des Mangels.

Grundsätzlich hätte der Mensch das Gefühl der Fülle, mir fehlt es an nichts und ich bekomme was ich zu meinem Wachstum brauche.

Wenn er sich aber blenden lässt, weil er selbst glauben will, dass ein Orden, eine Königskrone, eine Bischofsmütze, ein Titel, eine fanatische Religion ihm einen größeren Wert verleiht, als seine Natürlichkeit, wird er in diesen Kampf einsteigen und sein Leben mit Füssen treten.

Die Menschheit ist mit einem Herzen ausgestattet, damit sie ihren Herzensweg, ihre Bestimmung, ihre Reife erfährt. Wer aber glauben will, dass man Gesetze braucht um die Menschheit zu zähmen, soll mal die Augen aufmachen und sehen, ob es gelungen ist, das „Böse" verschwinden zu lassen.

Vielleicht sind die Gesetze gar nicht dafür gemacht, um das Gesunde, das Starke im Menschen zu fördern, sondern sie schaffen damit das Abartige, die Trennung. Daraus lässt sich nämlich das meiste Kapital schlagen.

Versicherungen, Pharmazie, Wirtschaft, alle leben vom Mangelgefühl der Menschen.

Auch Eugen Roth war der Meinung:

Wer nicht vertraut

auf Gottes Willen (Herz),

ersetzt sein Nachtgebet

durch Pillen!

Danke Eugen!

Auch die 10 Gebote sind ein Werk der Menschen, damit sie etwas zu übertreten haben, wovon sie dann ein schlechtes Gewissen bekommen, wofür sie büßen können, dafür gibt es dann den Klingelbeutel oder Opferstock. Die Kirche kommt da dem Menschen sehr entgegen und hilft ihm, sein Gewissen zu erleichtern.

Staat und Kirche beruhen noch auf einer ausgeklügelten, psychologischen Strategie, mit dem Ziel „die anderen werden für mich sorgen".

Das Monopolgesetz ist eine Handlung gegen das Naturgesetz. Alles was es auf der Erde gibt, ist zum Wohle aller. Wenn aber einer z. B. das Monopol auf Kartoffeln hat und jeder, der diese wertvolle Frucht nutzen will, an diesen Gierhals eine Abgabe zahlen muss, kann das nicht richtig sein.

Solange sich einer zum Nachteil des anderen bereichern will und nicht sieht, dass er sich dabei am meisten selbst beraubt, solange hat er Krieg und führt er Krieg und Krieg bringt niemals Wachstum.

Der kalte Krieg entsteht aus der Kleinheit des Menschen, der Angst hat, dass der andere größer und somit mächtiger wird als er.

Einem blutigen Krieg geht immer ein langer, kalter Krieg voraus.

Wer sind diese Kriegsanzettler, Kriegsverursacher, Kriegstreiber?

Innerhalb der Familie ist es der, der seine Liebe nicht wahrnimmt und deshalb die Illusion hat, dass die anderen mehr haben und das kann er nicht ertragen. Bevor er teilt, zerstört er lieber.

Innerhalb einer Firma ist es derjenige, der zu dick aufträgt und mehr sein will, als in seiner Hose steckt. Er ist deshalb sehr dünnwandig, aber rücksichtslos arrogant und bereit zu verteidigen, was gar nicht ist (Einbildung).

Innerhalb eines Staates ist es der, der den größten Mangel in sich hat. Der sieht sich bedroht und erfindet Feindschaft, manipuliert sein Umfeld, hetzt es auf, schwärzt die anderen an. Aber im Grunde ist der Kriegsführer ein Mensch mit dem größten Mangel, deshalb hat er ständig Angst, dass er untergeht. Er glaubt, wenn die anderen untergehen, kann ihm niemand etwas wegfressen.

Wer sein Herz noch spürt, sollte nicht mit diesen unmenschlichen, unrealistischen Erzeugungen seine Zeit verschwenden.

Wer seine Liebe, seine Freude, sein Leben liebt und achtet, wird in dieser Welt bald Oberwasser haben, weil die anderen sich in ein/en Krieg/en verwickeln in dem beide untergehen.

Auch wenn der Krieg in deiner Nachbarschaft ist, leb du dein glückliches Leben, denn die Kriegswelt hat sich bereits erschöpft und somit kann die Umkehr, die Wandlung, das Aufsteigen der Ehrlichkeit, der Liebe, des glücklichen Lebens beginnen!

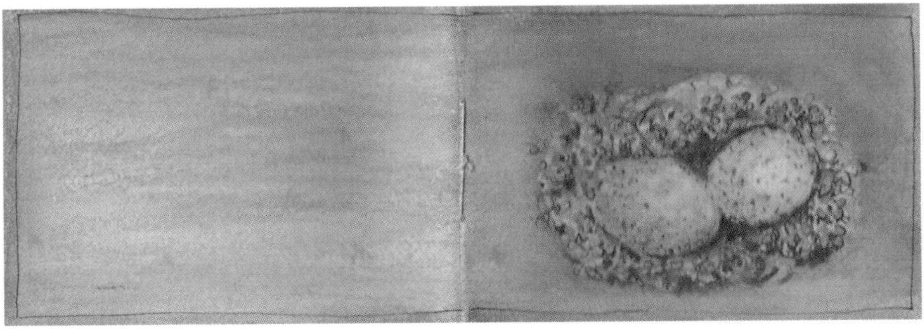

## Leben

Ich, das Leben, bin eine Kraft, eine Energie, die sich und dich stets vermehrt, fördert und erneuert.

Ein Kreislauf von

Nehmen und Geben

Leben und Sterben

Annehmen und Loslassen

Säen und Ernten.

Dazwischen sind das Verdauen, das Verarbeiten, das Verbrennen, das Umsetzen, die Transformation, das Reifen und Wachsen.

In der Natur ist es ein Zusammenspiel von Witterung, Mikroorganismen und Mineralien. Ein Säen und Ernten durch Vögel,  Verdauen durch Pilze, Pflanzen großen und winzigsten Tieren.

Auch der Mensch lebt mehr oder weniger in diesem Kreislauf. Er muss etwas nehmen um etwas zum Verarbeiten zu haben. Er muss geben, sonst hat er zu viel.

Er muss verarbeiten, sonst ist er nicht in Betrieb.

Also hat jedes Lebewesen einen eigenen Betrieb und seine spezielle Art, deshalb brauchen sie unterschiedliche Speisen, Materialien, Möglichkeiten. Folglich haben sie eine unterschiedliche Art der Verarbeitung und ein unterschiedliches Ergebnis. Wobei das Ergebnis wiederum einem anderen Lebewesen als Nahrung dient.

Seine Nahrung besteht nicht nur aus Essen, ebenso braucht er seiner Art, also seinem Talent entsprechend, Material. Ein leidenschaftlicher Mensch hat sein Element gefunden und da ist er unerschöpflich in seinen Ideen, Erfindungen und in seiner Ausdauer. Ein Maschinenbauer braucht die Ernte eines Geologen und der Geologe nutzt das Ergebnis des Maschinenbauers. Alles ist ein Kreislauf, eine ineinander gehende Symbiose.

Als der Mensch begonnen hat, seinem Leben einen anderen Sinn zu geben als das Leben selbst, hat er seinen Kreislauf verlassen.

Durch die Vorstellung, seine äußeren oder inneren Werte zu sichern!

Die Folge davon ist, wenn ich meine inneren Kräfte durch Moral lähme, weiß und fühle ich nicht mehr, was meine ursprüngliche Begabung ist und gebe meine Führung in fremde Hände, damit ich mit meinen Entscheidungen nichts verschulde. Also steigt dieser Mensch aus seinen natürlichen Bedürfnissen und ersetzt sie durch Abhängigkeiten, Pflichten und vermeintliche Sicherheiten.

Du vergrößerst dein Geben, reduzierst dein Nehmen und betrachtest dieses Verhalten als moralisch wertvoll!

In Wirklichkeit willst du deinen Betrieb nicht selbst verwalten und das bedeutet Opfer sein und abhängig.

Wenn ich meine, dass die äußeren Werte die einzig sicheren und erstrebenswerten Ziele sind, dann muss ich meinen Kreislauf verlassen und das Nehmen vergrößern und das Geben reduzieren. Du tauschst deine Lebendigkeit ein für Besitz, Status und Titel.

Dein Leben weiß nicht mehr wie und was es da zu verdauen gibt und der Magen oder das ganze System geraten ins Chaos.

Der Mensch der sich nicht beirren lässt oder seinen natürlichen Kreislauf wiedergefunden hat, hat innere Ruhe, weiß was er will und braucht, häuft sich keinen unnötigen Besitz an und möchte geben und nehmen.

Die Verdauung geht mit dem Talent einher und gemeinsam verarbeiten sie.

Dein Kreislauf ernährt dich und viele andere ernähren dich.

Der Mensch hat einen Verstand und deshalb ist er gefährdet Dinge oder Systeme anzunehmen, die seinen Lebenskreislauf belasten, ihm aber scheinbare Sicherheit versprechen.

Wenn er nicht so viel denken und bedenken würde, würde sein Wesen schon wissen, was es kann, möchte und was seine ursprüngliche Art ist.

Wie beispielsweise eine Kuh immerzu das gleiche Bedürfnis, die gleiche Verdauung und das gleiche Ergebnis hervorbringt. Wobei natürlich artgerechte Lebensumstände mitwirken.

So ist auch beim Menschen das Individuum zu achten und zu fördern. Nur dann fordert und fördert ihn sein eigener Kreislauf.

Wer seinen eigenen Kreislauf verloren hat, hat irgendeinen Handel am Laufen mit denen, von denen er glaubt seine Versorgung zu bekommen.

**Das Opfer versorgt den Täter und**

**der Täter versorgt das Opfer!**

Wer seinen Kreislauf verloren hat, also nicht mehr wahrnimmt, tut sich schwer, seinen Täter, sein Opfer, seine Versorgungsquelle loszulassen, weil er nicht vertraut, seine Versorgung selbst herstellen zu können.

**Der einzige Weg, den eigenen Kreislauf wieder zu finden, geht über die Ehrlichkeit!**

**Wenn du dich getraust, dir deine Abhängigkeiten und Schwächen einzugestehen, beginnt der Ablösungsprozess von deinen Abhängigkeiten und die heilsame Wiederherstellung deins natürlichen Kreislaufes!**

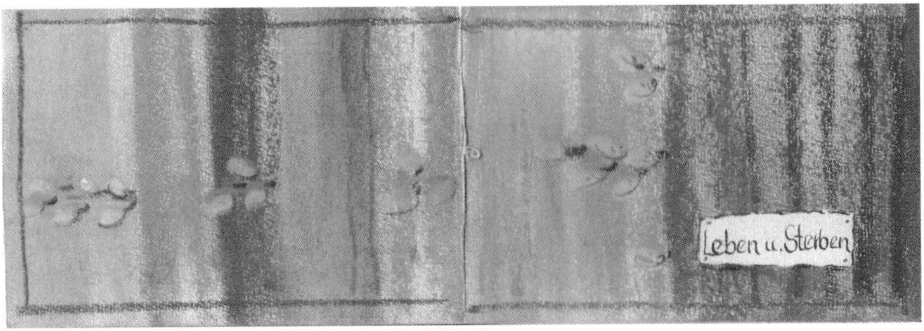


## Leben und Sterben

Ich, das Leben, wachse durch das Sterben.

Leben heißt Veränderung

Leben heißt Entwicklung

Leben heißt Transformation

Leben ist Annehmen – Verwerten – Loslassen

Leben ist ein Zirkel von Stufen zur Reife.

Wer Sicherheit anstrebt, stoppt seinen Entwicklungsprozess, also sein Leben. Denn das Leben drängt nach Wachsen, Ausdehnen, nach gesunder Veränderung.

Wer Sicherheit anstrebt, verleugnet seine natürlichen Interessen, denn die würden ihn aus der Schachtel holen. Damit verdrängt er auch seinen wahren Lebenssinn und irgendwann erscheint ihm das Leben dann auch sinnlos. So einen Menschen nenne ich einen Schachtelmenschen.

Die natürlichen Interessen sind aber ein Teil der Lebendigkeit, die dich neugierig machen und dir deinen Weg weisen würden.

Wie viele Menschen verstecken sich hinter Pflichten, Sorgen, Krankheiten um einer Veränderung aus dem Weg zu gehen. Aber es verändert sich trotzdem jedoch zum Schlechteren, durch den Mangel an Leben.

Unglaublich viele Sorgen finden Menschen, die nicht dem Fluss des Lebens vertrauen. Da der Fluss des Lebens psychisches und physisches Wachstum bringt und folglich die innerliche und äußerliche Wertigkeit wächst, kann so ein Mensch keinen Mangel erleiden.

Der Schachtelmensch versteht es durch Ablehnen und Anzweifeln der vielen Chancen einem Wachsen, also einer Veränderung aus dem Weg zu gehen.

Ein Mensch der nicht aufblüht verkümmert. Seine Geisteskräfte schwinden, seil sie in seiner Schachtel ihrer Schwingung beraubt werden. Ein Schachtelmensch hat somit ein beständiges Wechselspiel von Aufblühen und bedrückt sein. Da helfen auch Vitamintabletten nicht oder Psychopharmaka. Wer sich nicht auf den Lebensprozess einlässt, geht langsam ein.

Ein freier Mensch begrüßt das Sterben, weil Sterben bedeutet neuer Austrieb, neues Ufer, neuer Anfang, neues Kapitel.

Der freie Mensch kennt die Besorgtheit eines Schachtelmenschen nicht, weil er einen weiteren Horizont und ein getrageneres Lebensgefühl hat.

Der Fluss des Lebens ist auch gleichzeitig der Fluss des Vertrauens, der dich aber nur trägt, wenn du ehrlicher Absichten bist.

Die Unabhängigkeit, die du durch Ehrlichkeit gewinnst, nennt sich Freiheit.

Ein freier Mensch kennt auch keine Verlustängste, weil er sich ja nicht beschränkt, also ist ihm vieles möglich. Und er findet immer eine Lösung, die ihn in den Fluss des Lebens bringt.

Die Liebe ist stets am Wachstum des Menschen interessiert und darum hat sie immer eine befreiende Lösung, niemals Schuldzuweisungen.

Das Sterben, im Sinne von diese Welt verlassen ist das Verlassen einer Lebensschule in eine andere Sphäre.

Ein freier Mensch spürt es, dass ihn bereits etwas anderes ruft, wenn es für ihn soweit ist. Er folgt dem Ruf und geht in Frieden mit.

Einem Schachtelmenschen fehlt das Vertrauen und das Gefühl für den weiteren Weg. Stattdessen plagen ihn furchtbare Ängste durch seine Befürchtungen, die er ja schon zu Lebzeiten gut gepflegt hat (damit er nicht zu mutig wird) und er seine Gefangenschaft nicht verlassen musste.

Seine Illusionen stehen ihm jetzt im Weg, es wird deshalb ein anstrengender Prozess. Erst wenn er keine Kraft mehr hat, die Illusionen zu halten, dann gleitet er in die andere Welt.

Es ist oft zu beobachten, dass sowie ein Mensch gelebt hat, so verhält er sich auch beim Sterben.

Deshalb lieber Mensch, baue schon jetzt dein Kopfgefängnis ab und gebe dich dem Fluss des Lebens hin, dann ersparst du dir hartnäckige Prozesse.

**Erst das Sterben ermöglicht das Leben!**

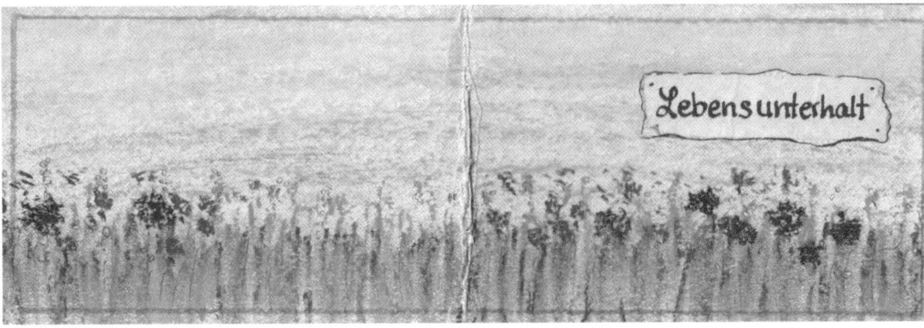


## Lebensunterhalt

Ich, der Lebensunterhalt, bin dazu da, dich zu nähren.

Erzeugt werde ich immer von meinem Gestalter, also von dir selbst.

Wenn dein Denken für ein besorgtes, mühsames Zusammenkratzen, zusammenhalten deines Besitzes benutzt wird, ergibt das eine eingegrenzte, nicht fließende Energie und Wachstum ist schwer möglich.

Wenn dein Denken eine vertrauensvolle, bewusste Großzügigkeit gestattet, ist das Geben so groß wie das Nehmen und umgekehrt.

Zum Lebensunterhalt gehört viel mehr als nur Essen und Geld.

Das Leben ist etwas Feinstoffliches und von Gefühlen getragen.

Das bedeutet, dass dich positive Gefühle stärken und motivieren, negative Gefühle dich bremsen, belasten und lähmen.

Also gehören zum Lebensunterhalt unbedingt auch freudige Ereignisse, freudige Ausflüge, Tapetenwechsel, neue Menschen, alte

Freunde, interessante Gespräche, Mußestunden, Umstände, die dich in deinem Element beleben und bereichern.

Durch die Erfindung der Moral sind diese sinnlichen Nahrungsquellen zu wertlos, eitel, unnötig, leichtsinnig oder als Schwäche abgestempelt worden. Warum?

Ja, damit sie keine Kraft geben können und der Mensch im Mangelzustand bleibt.

Lebensunterhalt ist etwas Schönes, weil du dir gute, wertvolle Qualitäten aussuchen kannst, die deiner Lebendigkeit Kraft geben. Was dann deinem Geldbeutel wieder zugutekommt. Denn ein kraftvoller, motivierter Mensch hat viel mehr Ausdauer und Ideen. Er hat mehr Einfälle als Ausfälle.

Im Schweiße deines Angesichts sollst du dein Brot verdienen, ist von der Religionsmacht erfunden worden, damit der „Kleine" buckelt und der „Große" kassieren kann.

Denn eher geht ein Kamel durch ein Nadelöhr, als ein Reicher in den Himmel.

Und – wer das glaubt, wird selig!

Hallo, Mensch, beginne endlich nachzudenken!

Lebensunterhalt ist wie sich gießen und von der Sonne bescheinen lassen, ruhen, feiern, arbeiten, Abwechslung, Spannung und Entspannung. Der Mensch ist ein Lebewesen und keine Maschine. Die braucht keinen Lebensunterhalt, die braucht nur die Funktion. Das Wissen über diese feinstoffliche Kraft ist seit ewigen Zeiten bekannt. Manche nutzen es für das eigene Leben, manche nutzen es um zu manipulieren und manche wollen davon nichts wissen, die sind am leichtesten zu manipulieren.

Diese Kraft wird erforscht um sie sich in der Konsumwelt zu Nutze zu machen.

Farben, Düfte und Worte nutzen die Medien, um dich mit dieser bewusst gestalteten Information zu formen und zu fangen.

Was aber nicht so leicht möglich ist, wenn du dir selbst Bewusstwerdung erlaubst.

Energie hat Farben, Strukturen und Informationen, die ein guter Aura Leser sehen kann. Die Aura, dieses feinstoffliche Energiefeld, spürt und sieht man an Worten, an Häusern, Menschen, Tieren, Nahrungsmitteln, Bildern, Büchern usw.

Billig-Fabrik-Semmeln haben nicht nur einen faden Geschmack, sie haben auch wenig Kraft. Vom Bäcker mit Freude gebackene Ware hat eine spürbare Aura, eine spürbare Kraft.

Künstliche Vitamine haben eine Ausstrahlung wie eine Plastikblume.

Die Vitamine eines frischen Apfels leben.

Luxus ist meist ein Zuviel an Dingen, die das Leben mehr erschweren als erleichtern, oft sogar ersticken.

Luxus hat mit Lebensunterhalt wenig zu tun.

Was soll man tun, wenn man mehr hat als man braucht?

Vielleicht sich zur Quelle machen und andere unterstützen, die noch etwas „Wind" (Geld) unter ihre Flügel brauchen.

Mach aus deinem Lebensunterhalt keine lästige Bürde, denn er ist wesentlicher Bestandteil deines Lebensglücks.

## Falsche Lehren

**Gerechtigkeit besteht in der gerechten Bestrafung und folglich auch in der gerechten Belohnung!**

Betrachtet das bisherige Leben, die bisherige Welt der Menschen als eine Kinderstube der Menschheit. Hier sind unerfahrene, werdende, göttliche Wesen in der Ausbildung. Sie lernen und trainieren sich untereinander und erfahren dabei, was letztendlich wesentlich ist:

Wer nicht verzeiht, bleibt in seinem Ärger gefangen.

Wer Rache übt, verliert sein Licht.

Wer andere beklaut, verliert den Freund in sich.

Wer sein Volk mit Gesetzen entmündigt und beraubt, verliert viele Werte in sich und wird armselig.

Wer aus Liebe einen Handel macht verliert den Zauber.

Wer die Kinderstube der Menschwerdung verlassen will, muss ehrlich und aufrichtig zu sich und den anderen werden. So lange er glaubt, dass er für das, wofür er nicht erwischt wurde nicht verantwortlich ist, ist noch nicht reif genug.

Das bedeutet, dass die Tür erst aufgeht, wenn er alle Karten auf den Tisch legt und sich selbst freispricht.

**Durch Einhalten seiner Pflichten und Gebote ist man ein guter Mensch!**

Wer mit einem Pflicht- und Gebotsbuch unter dem Arm oder im Kopf seinen Weg antritt, hat kein Vertrauen in die Liebe oder zu sich selbst. So ein Mensch wird kaum dem Mut haben zu hinterfragen, wer denn die Pflichten und Gebote angeordnet hat. Er will ja seinem eigenen Denken und Fühlen nicht trauen, damit er nicht zur Verantwortung gezogen werden kann.

Wer glaubt durch Strenge und Einhalten von Regeln das Himmelstor passieren zu können, wird enttäuscht sein, wenn er nach ewig langer Plage und Kasteiung nicht von der Stelle kommt oder sogar krank wird. Wer nach Vorschriften lebt, lässt sein Herz selten zu Wort kommen und hat mehr Angst als Vertrauen. Diese Menschen sind auch noch in der Kinderstube und glauben doch, auch noch besonders reif und weise zu sein.

Es ist klar zu sehen, dass sie einen Handel mit Gott machen wollten. Bei Verzicht auf Lebendigkeit, eigene Ideen und Lebenslust bekommt man eine besondere Stellung oder Anerkennung von ihm.

**Viele denken „heilig sein (werden)“ ist so anstrengend und unerreichbar!**

Ich habe keinen Mut oder keine Lust Märtyrer oder Spartaner zu sein, also bin ich des Himmels unwürdig.

Dass Märtyrer belohnt werden ist in der Blendwerksschmiede der Menschen entstanden. Dort wurden Gesetze gemacht, die die

Menschen von der Wahrheit trennten. Sie wussten, wenn der Mensch das Vertrauen in Gott/die Liebe verliert, also gottesfürchtig wird, ist er abhängig von äußeren Anweisungen und somit folgsam.

Dass Leid belohnt und Freuden bestraft werden oder dass du durch Leid erlöst wirst, ist eine bewusste Lüge von intelligenten Menschen.

Viele die es nicht geschafft haben, „heilig" zu werden, haben mehr Herz und Reife nur leider oft keine Ahnung davon.

**Viele leben in der Vorstellung, dass die Welt in Ordnung ist, wenn man in einem perfekten Familienbild, Status oder sonstigen Bedürfnissen lebt und dafür von außen die Anerkennung bekommt.**

Der Sinn der Familie ist meist nicht der, der er sein könnte. Da viele Menschen noch in der Kinderstube sind, wird aus der Familie eine Zwangsjacke gemacht. Da in einer Familie mehrere Wesen mit unterschiedlichen Bedürfnissen und Reifegraden aufeinander treffen und immer karmische Verbindungen haben, wird es oft die schwierigste Gemeinschaft, die es zu bewältigen gibt.

Wem es sehr wichtig ist, wie man vor anderen erscheint, der wird die Botschaft seines Kindes, dass es eben nicht so wichtig ist, als persönlichen Angriff und Beleidigung sehen und ewiger Unfriede wird einziehen, bis einer aufgibt. In diesem Fall hoffentlich nicht das Kind. Wer hier auf Hierarchien und Geboten verharrt, vertreibt die Liebe.

Respekt aus Angst ist kein gesunder Respekt, sondern ein offensichtliches Machtspiel.

**Gut sein, heißt für andere da sein, Nächstenliebe geben, nicht nehmen und anderen der Vortritt lassen.**

Wer das glaubt und darin ein Gebot sieht, ist gefangen und wehrlos unfreundlichen, ausnutzenden Menschen gegenüber. Es ist wichtig und notwendig, seine Ich-Kräfte auszubilden und sich mit einem deutlichen Ja oder Nein zu behaupten.

Wer glaubt er sei ein „heiliges Opfer“ und der andere ein „böser Täter“, wenn ihm jemand den Löffel aus der Hand nimmt, der irrt sich. Die „bösen Täter“ sind auch gottgewollt und lehren dich, sich nicht brav und gut zu stellen, sondern sie prüfen und testen dich, wie wertvoll dir dein Leben ist und auch sein eigenes. Denn die Opfer neigen dazu, aus den Mitmenschen Täter zu machen, um beweisen zu können, dass sie selbst die „Guten“ sind. Wer möchte, dass die Opfer belohnt und die Täter bestraft werden, bleibt so lange in der Kinderstube, bis er begreift, dass er mit seiner Passivität Täter erzeugt. Wenn es ihm gelingt, aus der Opferrolle herauszutreten, wird er sich wundern, dass er nicht mehr gemoppt, belacht oder nicht ernst genommen wird. Wenn der „Gute“ aufhört in „gut und schlecht“ zu trennen, zu urteilen, wird seine eigene Welt heiler.

**Hingabe, selbstlos, nichts wollen, für alles dankbar sein, alles als Gnade Gottes betrachten!**

Wer so denkt, macht von seinem Willen keinen Gebrauch. Er glaubt, wenn er es nicht gewollt hat, sondern nur gehorsam war, ist derjenige verantwortlich, der steuert und führt. Aber der Mensch hat einen freien Willen. Wer seinen Willen nicht nutzt, trägt natürlich trotzdem die Energie für das was der andere von ihm verlangt und selbst tut. Wer das nicht einsehen will, bleibt unreif und in der Schuldfrage gefangen. Es geht aber nicht um Schuld, sondern um Aufrichtigkeit sich selbst und den anderen gegenüber. Wer seinen Willen nicht gebraucht, wird die Klasse so lange wiederholen, bis er lernt für sich selbst zu stehen. Solche Menschen hindern auch oft bei anderen den Lebensfluss, weil sie keine Entscheidung treffen wollen.

Wer seinen Willen nicht gebraucht, bringt sich um wertvolle innere Qualitäten. Er lernt nicht wirklich zu lieben, zu verzeihen, geradezustehen, einzustehen, Kopf hinzuhalten, das Geschenk der Courage, zu säen, zu ernten, also nicht glücklich zu sein.

**Gut drauf sein, immer gut gelaunt sein, allen zeigen wie glücklich man ist!**

Diese Menschen schützen damit ihre Empfindsamkeit, die Verletzlichkeit ihrer Gefühle. Sie haben meist einen hohen Anspruch an sich selbst und erlauben sich keine Schwäche.

Entweder sie mussten viele Ungerechtigkeiten einstecken oder sie können sich etwas nicht verzeihen und wollen damit ein Geheimnis überdecken. Diese Menschen sind nahe am Gefühl. Aber darin steckt eine große Angst vor dem Schmerz. Eine Traurigkeit begleitet sie und damit sie keine Macht bekommt, suchen sie ständig das „Glücklich sein“. Diesen Menschen kann geholfen werden, wenn sie bereit sind, sich mit ihrem Schmerz zu befassen und aufhören in das andere Extrem zu flüchten.

Was ist hier passiert?

Es gibt auch liebevolle, eigenständige Wesen in der Kinderstube, die ihre Offenheit verloren haben. Sie haben so viel mitgefühlt, mitangesehen und ertragen müssen, dass sie mehrere Schocks davon bekommen haben, oft auch aus früheren Leben. Die Folge davon ist eine Irritation des Denkens und Fühlens. Sie trauen sich nicht mehr offen zu freuen, aber auch nicht traurig zu sein, weil sie sich in beiden Eigenschaften wieder öffnen müssten und sich neuem Wahnsinn aussetzen.

Dieser Schmerz ist aber ein Zeichen des Mitgefühls, des Lebens, oft auch der Ehrlichkeit und der Liebe.

Es schmerzt der Verlust der Liebe, des Vertrauens, der Freude, der Wahrheit und der Natürlichkeit. Wenn Sie ihr Vertrauen wieder gefunden haben gehen sie aus der Kinderstube der Menschheit.

**Man muss sein Leben Gott widmen!**

Gott ist so großmächtig, allumfassend, eben die Liebe. Er hat es nicht nötig, dass man ihm seine Kraft, sein Leben widmet.

Du sollst leben und nicht auf Leben verzichten.

Du sollst erfahren und dich nicht vor Erfahrung schützen.

Du sollst fühlen und dich nicht vor Gefühlen in Sicherheit bringen.

Du sollst mutig sein und nicht Demut heucheln.

Du sollst ungewöhnliche, eigene Wege gehen und nicht nur in Fußstapfen anderer treten.

Du sollst in Erfahrung bringen, was speziell du kannst, was dich ausmacht, wer du bist, was dir Freude macht, wo deine Begeisterung sprudelt.

Gott ist die Liebe und die Liebe liebt dich. Sie kann nichts anderes. Sie verzeiht alles, aber lässt nichts Unfriedliches passieren. Du brauchst dich nicht um seine Liebe zu bemühen, sonst wird dein Leben mühsam.

Viele warten und beten bis Gott ihnen die Türe aufmacht und sie „erleuchtet". Da warten sie vergeblich, denn „wenn ihr eure Fehler erkennt, geht euch ein Licht auf". Das ist der Weg zur Erleuchtung, das ist das Geschenk für euren Mut, für eure Courage, wenn ihr euch traut Fehler zu machen.

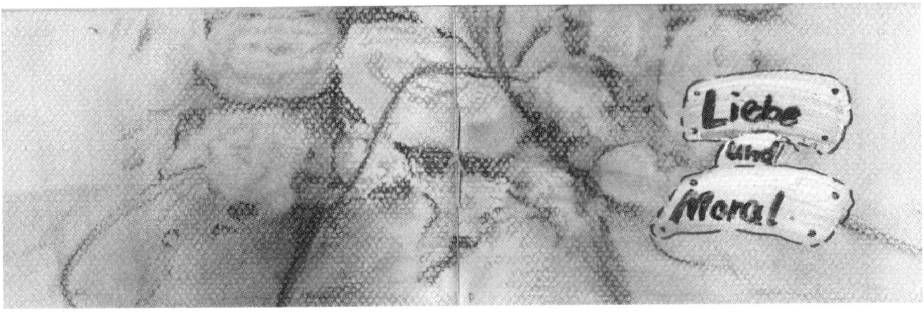


## Liebe und Moral

Die Liebe beinhaltet eine achtsame Moral.

Menschen die lieben, können nie die Absicht haben, den anderen zu kaufen, besitzen, erniedrigen, benutzen oder entehren.

Die Liebe macht den der liebt tolerant, mitfühlend, verzeihend, großzügig und wohlwollend. Er möchte für den anderen stets was gut tut. Die Liebe lässt auch die Hintergründe erkennen, warum sich ein Mensch so verhält oder benimmt.

Sie erkennt, ohne zu verurteilen.

Sie hilft dir, eine Klarheit über die Situation zu bekommen. Sie zeigt dir auch die Absicht des anderen.

Die Liebe sucht die Liebe, vertraue auf die Liebe, diese Kraft verträgt nur jemand mit guten Absichten.

Liebe macht nicht blind, sondern hellwach.

Sei offen und ehrlich. Das ist nicht Dummheit, sondern eine Kraft die den Unehrlichen entmachtet.

Wer glaubt Liebe hat mit Leid zu tun, wird dieses erfahren. Das ist leider ein weitverbreiteter Glaube.

Stellst du das Paar Liebe und Leid zusammen, wirst du genau das anziehen und aus Liebe wird Leid.

Stellst du Liebe und Freude zusammen, werden sie dir beschert.

Stellst du Liebe und Unschuld zusammen, dann wird sich nicht viel einstellen, da man niemals unschuldig bleiben kann und die Liebe Schuld nicht kennt.

Stellst du Liebe und Gefahr zusammen, wirst du deine Liebe vor der Gefahr bewahren wollen und mehr Angst und Feinde in deinem Leben haben, als geliebt werden.

Stellst du Liebe und Belohnung zusammen, machst du aus der Liebe einen Handel und dabei verliert die Liebe seinen Zauber und Sinn.

Stellst du Liebe und Mühe zusammen, dann erlaubst du dir die Freude nicht in deinem liebevollen Tun. Somit hat dein Tun wenig Wertvolles.

Stellst du Liebe und Pflicht zusammen, glaubst du die Liebe ist purer Leichtsinn. Ein Liebender erfüllt jedoch gerne seine Pflicht und jeglicher Pflichtzwang tötet den Zauber der Liebe.

Stellst du Liebe und Moral zusammen, nimmst du der Liebe die Freiheit, ihren Schwung, ihre Kraft und ihre heilsame Magie.

Wer die Kraft des Gefühls nicht kennt und ihr nicht traut, lebt die Macher-Seite, die Kontrolle.

Die starke Seite leben heißt: Hart sein, nicht nachgeben, das letzte Wort haben, sich nicht unterkriegen lassen, nicht einlassen, selbst machen, nicht abhängig werden, Gerechtigkeit, Ehre, erkämpfen, ernst und verantwortlich zu sein ......

Die weiche, sanfte Seite leben wäre:

Hingabe, einlassen, zulassen geben, vergeben, vertrauen, den anderen ehren .....

Die Liebe kann beide Seiten vereinen.

Wenn du dich nicht hingibst um dich nicht zu verlieren, verlierst du dich, weil deine Angst dich vor dem Lebendigen trennt.

Wenn du dich hingibst damit der andere für dich verantwortlich ist, verlierst du die Verantwortung, also die Selbstbestimmung und somit verlierst du dich.

Wenn du dich hingibst, einer Arbeit, deinem Partner, deinem Kind, deinen Eltern, deinem Garten findest du dich, weil es ist ja alles ein Teil von deinem Leben und beinhaltet die Möglichkeiten, dich zu geben, weil du dich darin erkennst und erfährst.

**Das Geschenk des Loslassens ist das Bekommen.**

**Das Geschenk des Einlassens ist der Einlass.**

## Magdalena

Ich bin im Dezember 1955 in Erding geboren. Aufgewachsen in einem Elternhaus, in dem Aufrichtigkeit und Fleiß Priorität hatten.

Über einige Stationen im Leben bin ich immer mehr in meine Lebensaufgabe, an meine Begabung gestoßen. Auch meine Kinder haben mich damit konfrontiert und mich zu meiner Begabung gedrängt, vor der ich selbst große Angst hatte.

Irgendwann wunderte ich mich, wo die Menschen herkamen und mich aufsuchten, wo ich doch selbst so sehr an mir zweifelte. Sie machten mir Mut (heute weiß ich, sie wurden mir geschickt, damit ich den Glauben an mich wiederfinde). Ich danke ihnen für ihr Vertrauen. Sie haben mir auf den Weg zu mir geholfen.

Ich selbst hätte mich noch lange nicht als kompetent genug eingeschätzt, um mein Können anzubieten.

Heute habe ich viel Vertrauen und Sicherheit und kann ohne Hilfsmittel in deine Lebensgeschichten schauen. Zu mir kommen Menschen in Krisen, Krankheiten und mit Fragen über Leben und Tod.

Gemeinsam entwirren, entschlüsseln und befreien wir die gesunde Lebendigkeit wieder.

Alles ist eine große Familie, die sich untereinander stützt, bereichert, lehrt und erfreut.

Wer glaubt etwas Besseres, etwas Besonderes, etwas Außergewöhnlicheres als die anderen zu sein, lebt oft außerhalb der Gemeinschaft und somit außerhalb des Vertrauens und der inneren Sicherheit.

Es gehört zum Reifeprozess des Menschen auch mal außerhalb der Liebe zu leben und mit Ängsten, Verzweiflung, Verirrungen Erfahrungen zu machen. Damit will ich mir selbst eingestehen, dass meine Ängste, die ich zu überwinden hatte nur damit zu tun hatten, dass mein Glaube an die Machte der Liebe einige Risse hatte, die ich selbst wieder heilen konnte, in dem ich mir bewusst darüber wurde.

Dafür danke ich meinem Mann Rudi, meinen drei Töchtern, meinen Eltern und Geschwistern. Heute weiß ich, dass alle auf ihre Weise dazu beigetragen haben, mir meine Wunden bewusst zu machen, damit sie heil werden konnten.

Sehr froh bin ich über meine Freunde, Kunden, die mich immer wieder aufforderten in ihre Geschichten zu schauen. Ihre Krankheiten führten uns auf die Spur der Wahrheit. Wir arbeiteten uns gemeinsam vor, gingen durch frühere Leben, jetzige Illusionen und legten dadurch das Gesunde wieder frei.

Mir wurde dabei bewusst, dass Menschen bei mir den Zugang zu ihrer inneren Stimme, zu ihrem eigenen Empfinden wieder finden.

Sie lernen ihr Leben wieder selbst in die Hand zu nehmen und Abhängigkeiten zu lösen, um Selbstvertrauen zu gewinnen.

Ich bin bei dieser Arbeit in meinem Element. Sie erfüllt mich mit Ehrfurcht, welch große Toleranz die Liebe uns bietet und nur darauf wartet, bis wir unsere Kleinheit aufgeben und wir zur Liebe fähig werden.

Das Leben ist eine Kette von vielen einzelnen Leben und jede Lebensperle, die wir gelebt haben beeinflusst unser Gesamtbefinden. Manche haben eine schwere Kette, manche haben sich in eine andere Kette eingegliedert, viele glauben ihre Kette ist nicht wertvoll usw.

Es ist meine Begabung, dabei zu helfen, die Kette in ihrem Wert zu erkennen und zu reparieren, bevor sie geschlossen wird. Die Zeit dafür ist reif. Der Mensch hat genug Erfahrungen gesammelt und sollte jetzt aufräumen.

Alles was im Umfeld bricht und zusammenfällt ist gut, damit Neues und Stabiles entstehen kann. Wir sind in einer Zeit, wo der Mensch das Wahre wieder sucht und Verlogenheit immer mehr erkennt und Freiheit anstrebt.

Er wird aufhören Gehorsamkeit und Abhängigkeiten zu schaffen.

Ich glaube, dass das Leben in seiner schöpferischen Art vor uns und das Leben in der angstvollen Zwangsjacke bald hinter uns liegt.

Es ist die Aufgabe jedes einzelnen, sich von seiner Angstjacke zu befreien,

**weil Liebe nur in Freiheit existieren kann.**

Ich weiß, dass es wieder wärmer wird in uns und dass wir bald umsetzen können, was die Dunkelheit uns gelehrt hat.

Lieber Leser,

in meinen Büchern findet ihr ein paar Rechtschreibfehler und viele Weisheiten.

Es ist dem Leser überlassen, wonach er sucht!

Viel Glück!

Magdalena

## Magie

Leben ist Magie

Wer davon weiß und es versteht, kann seine Kräfte nutzen und damit sein Dasein formen, gestalten und lenken.

Da wir das Geschenk der Polarität haben, liegt es an unserer Wahl, welche Weise wir uns aneignen. Möglich ist alles, alle Variationen die uns einfallen. Es ist ein Spiel, ein Handhaben der Energien.

Die Energien nehmen die Form und die Schwingung deiner Absicht und deiner Gedanken an und werden zu dem was du haben willst. Also sie können zu einer Waffe, einem Hirngespinst, Sonnenschein oder zu tausenderlei Ähnlichem oder Verschiedenem kreiert werden. Wer seine Magie, seine Macht nicht nutzen will, nutzt sie trotzdem, nämlich um sie zu unterdrücken. Wenn ich mir einrede im Leben keine Chance oder keine Macht zu haben, brauche ich meine Gedanken um mir damit dieses einzureden, mich damit zu umgarnen, damit ich mein schlechtes Gewissen rechtfertigen kann, das sich dauernd meldet, weil alles was gegen das Leben erzeugt wird einen Alarm im Gewissen auslöst, damit du bemerkst, dass du dem Großartigen und Schönen in dir zuwiderhandelst. Du kannst auf die Signale im Bauch hören (Gewissen=Magen), oder dein Ausredengebilde weiterbauen bis dein Gewissen eines Tages aufgibt und dich nicht mehr hindern kann, achtlos mit dir und dem Leben anderer umzugehen. Irgendwann fühlst du dich so orientierungslos und verloren und dann kommt der Moment wo du deine innere Stimme, seine Signale wieder suchen möchtest.

Du kannst sie deutlicher wahrnehmen, indem du dein Hirngespinst wieder auflöst und dabei erkennst du, dass die ganzen Anstrengungen und Einbildungen dazu da waren, dir zu zeigen, dass du nicht an dich geglaubt hast oder dass du nicht für dich verantwortlich sein wolltest.

Lieber Leser, wer sich durch Ausreden kalt stellt, verliert damit den Zauber und gerät in eine öde Sackgasse.

Wer das ändern will, muss lernen auf seine Gedanken zu achten und sich bewusst werden, dass jeder Gedenke eine Form annimmt und irgendwann so wird, wie du es dir gedacht hast.

Eine gesunde Form der Magie des Lebens ist die Absicht mein Wesen zur Entfaltung zu bringen. Dann kann ich durch meine Gedanken die Umstände einladen die ich gerne hätte. Auch fröhliche Tagträume sind Boten für deine Wünsche.

Wer sich zu einem äußerlich angesehenen Menschen machen will, der lädt durch seine Gedanken Menschen, Dinge und Umstände in sein Leben, die ihn nur äußerlich berühren. Er hat sozusagen die Jalousie vor seiner Seele heruntergelassen und ein anderes Wesen darauf gemalt. Seine Gedanken nimmt er zur Gestaltung her, damit er überzeugend und glaubwürdig erscheint. Diese Menschen trennen sich von ihren Empfindungen und Impulsen ab und sind vielbeschäftigt, um das Jalousiebild zu pflegen und zu erhalten.

Der Weg aus dieser Spaltung ist mühsam, weil man nicht mehr weiß, wer man ist. Und man hat Angst NICHST zu sein. Aber, je mehr du von deinem Jalousiebild loslässt, umso spürbarer wird deine Seele wieder und sie wird dir helfen die Jalousie „hochzuziehen", damit wieder Wärme und Geborgenheit in dir möglich werden. Aber diese Erfahrung hast du ja gemacht und genau darum geht es.

Wir haben schon so viele Lebensformen ausprobiert und letztendlich kommen wir alle zu der Erkenntnis, dass uns Selbstbetrügereien das Leben schwerer machen, oder wir uns mit Durchmogeln etwas ersparen könnten.

Deine Magie deine Talente schlummern noch zum Großteil in dir und warten darauf, von dir genutzt zu werden, damit alles in dir zu einem Quell der Freude werden kann.

Freude macht einen neugierig, weil sie Kraft und Mut schenkt um vorwärts zu gehen, etwas auszuprobieren und andere teilhaben zu lassen.

Freude ist die beste Voraussetzung, damit dein Leben Früchte tragen kann. Sie ist Magie!

## Mangel

Ich, der Mangel, bin das Ergebnis von Nicht-Bewusst-Sein über deine Fülle, deine Macht.

Ein nur nach außen gerichteter Mensch strebt äußere Werte und Bewertungen an und macht dafür seine Kräfte mobil um sie zu erreichen.

Er sitzt dann z. B. in seinem schicken Auto, bald braucht er die passende Schikse (Freundin) dazu und das Gefühl des Sattseins stellt sich noch immer nicht ein. Er braucht nun Freunde, die ihn bewundern.

Sein Inneres wird immer kleiner, sein Äußeres immer aufgeblähter, so wie seine Angst, wenn er die Dinge nicht mehr hat, ist er ein Niemand, existiert er nicht mehr. Das lässt ihn klammern, arrogant sein, eifersüchtig werden und er kann nicht gut allein sein, weil er sich selbst sehr wenig fühlt. Bald erfreut ihn sein Auto auch nicht mehr und er wird seines Lebens überdrüssig, was aber nicht sein kann, denn sein Leben, seine innere Lebendigkeit, die kennt er überhaupt nicht. Und das ist der Mangel, den er im Außen ersetzen will.

Oder er sieht das, was er nicht hat, bedauert sich, wird neidisch und deprimiert.

Wenn ein Mensch nur die inneren Werte anstrebt, braucht er die Moral, damit sie ihm eine Bewertungsskala nach „gut und schlecht" gibt. Er will sich ja von den „Schlechten" deutlich unterscheiden.

Es ist jedoch so, dass die Moral aus dem scheinbaren Nicht-Egoisten einen absoluten Egoisten macht, natürlich getarnt mit „selbstlos" und „opferbringend". Das Ziel des Moralisten ist jedoch moralisch zu punkten und den anderen abzuschießen. Und wer am meisten auf Lebensfreude und eigene wahre Größe verzichtet, gewinnt. Fragt sich bloß was?

Solche Menschen fühlen immer einen Mangel, nämlich die Anteile, die sie verleugnen, haben einen Hunger auf Leben und das erzeugt ein zehrendes, frustriertes Gefühl.

Das Schwierige im Leben ist die Mitte zu finden.

Das einseitige Anstreben von inneren oder äußeren Werten erzeugt jedenfalls einen Mangel.

Bei denen, für die nur äußere Werte zählen, schwindet das innere Werte- und Existenzgefühl.

Bei denen, für die nur innere Werte zählen, fehlt die Fülle im Außen.

Und somit züchtet sich jeder seinen Mangel selbst.

Wie kommt man davon weg?

**Wer innere Wert anstrebt,** wird Menschen und Dinge ablehnen, die äußere Fülle und Werte bringen. Und alles was du ablehnst, abwertest oder verachtest, findet in deinem Leben keinen Zugang.

- In erster Linie wird es Geld sein, denn Geld ist ein Medium zu äußeren Werten.
- In zweiter Linie wird es Liebe sein, denn Liebe würde vergrößern, gedeihen und wachsen lassen.
- In dritter Linie wird es Erfolg sein, denn Erfolg würde die Kleinheit sprengen.

Wenn du deinem Herz verboten hast, dich mit Mut und Freude zu inspirieren, wirst du dein wahres Leben nicht kennenlernen und in deinem kleinen, bescheidenen Mangelgarten halb verkümmern und halb gedeihen.

Lerne das Große zu lieben und zu achten, denn das Große gibt dir, nährt dich und lässt dich erfahren, was alles in dir steckt!

**Wer nur äußere Werte anstrebt** und sich mit seinem Besitz identifiziert, verliert das Gefühl für die innere Existenz. Wenn sein Gerüst einbricht, fällt er in eine tiefe Krise, wie er nun glaubt, dass er nichts mehr hat.

Manche Menschen, die auf der Erfolgsleiter ganz oben sind, sind wegen mangelndem Innenleben so gelangweilt, deshalb hoffen sie mit riskanten Geldspekulationen etwas Erregung in ihr Leben zu zaubern.

Manche bleiben auf der Erfolgsleiter und suchen gleichzeitig den inneren Wert. Und wer ernsthaft sucht, der findet auch.

Wenn dein Leben einen Mangel zeigt, ist der einzige Weg ihn auszugleichen, deine Geisteshaltung zu ändern.

Stell dir vor, du bist ein Krug. Wenn du lauter Dinge um ihn herumstellst um seinen Wert zu vergrößern, wird er in Wirklichkeit darin untergehen.

Wenn du weniger nimmst als dir guttut, kannst du auch kein Gebender sein, oder dein Krug wird leer.

Ein Rezept:
Was du dem anderen neidest, gönne dir.

Wofür du den anderen verachtest, lasse es ihm.

Das was du bist kann kein anderer sein,

was der andere ist, kannst du nicht sein.

Du bist auf dich allein gestellt,

mit deinem Denken bestückst du deine Welt!

## Materie

Ich, die Materie, bin erschaffen von meinem Schöpfer.

Das ist der Mensch.

Wer darum nicht weiß, projiziert unbewusst sehr vieles, was Abhängigkeit statt Unterstützung bringt.

Da das Leben ein Geschenk ist, wäre es so gedacht, dass du dir bewusst durch Bewusstsein alles erschaffen kannst, was du in deinem Leben haben möchtest.

Wenn du das aber nicht glauben kannst und stattdessen glaubst, dass du dir durch Fleiß und Pflichterfüllung deine Materie, dein Haus, deine Finanzen, deine geglaubte Sicherheit sicherst, so verlierst du dein Leben in Aktivitäten, die der Sorge dienen. Du nährst das Haus, anstatt dass es für dich eine Herberge ist, indem du Geborgenheit und Frieden findest, um dich dem Leben widmen zu können.

Leben heißt, seine Qualität zu nutzen, mit erhobenem Herzen und Bewusstheit seine Realität zu schaffen.

Unbewusste Menschen glauben, sie sind von der Materie abhängig. Aber es ist genau andersherum! Die Art der Materie ist vom Menschen abhängig, da er sie durch Wünsche, Ängste und Gedanken gestaltet.

Um Materie entstehen zu lassen, braucht es dich als Gestalter. Das Werkzeug dazu ist deine Phantasie, deine Vorstellung.

Wenn du glaubst, ohne Haus oder ohne die Miete zu zahlen, hast du keine Existenz, ist das zwar wahr und trotzdem wieder nicht. Um hier auf Erden leben zu können ist Materie nötig, um dich zu ernähren, zu schützen, zu wärmen, fortzubewegen usw. Das sind Grundbedürfnisse, die dich tragen und halten. Wenn du aber nicht weißt, dass du der Erschaffer deiner Welt bist, glaubst du abhängig zu sein und bemühst dich es zu erhalten, oft auch mit dem Verzicht auf Freude im Leben.

Mit dieser Einstellung ist das Haus kein Halt und keine Geborgenheit für dich, sondern ein Gegenstand der dich in Beschlag nimmt. Weil du vor lauter Sorge, es nicht halten zu können, keine Muße zum Leben mehr hast.

Es ist auf jeden Fall so, dass du durch deine Gedanken deine Materie erschaffst.

Wenn dir das bewusst ist, kannst du gezielt deine Energien formen und Möglichkeiten entstehen lassen.

**Durch achtsames, bewusstes Denken kannst du mehr schaffen als nur durch Fleiß und Mühe!**

Ich, euer Haus bin zu euch gekommen, weil ich lieben Menschen eine Herberge sein möchte. Durch euer Leben und beleben bekomme ich einen Geist, der euch wie ein Freund zur Seite steht.

Dir, lieber Hausherr diene ich als Stolz, bitte nicht auf mich, sondern auf dich. Du hast mich ermöglicht durch deinen ständigen Mut und die Herausforderungen, die du annimmst. Ich möchte dir wünschen, dass du wenn du mich anschaust, an dich selbst glauben kannst.

Dir, liebe Hausfrau möchte ich sagen, ich weiß dass du ein liebevolles Talent hast mich auszuschmücken, womit du meine Absicht unterstützt, Geborgenheit zu geben. Du schaffst es auch, dass zur Geborgenheit noch Offenheit zu spüren ist.

Ich möchte dir und deiner Familie ein Ort sein, wo man sich gerne aufhält, in dem Probleme klein werden und die Liebe groß ist.

Ich möchte nicht, dass ihr meine Sklaven werdet und ich von penetrantem Kleinkram und Putzarbeiten viel umgeben bin.

Das macht mich, den Geist krank.

Nun fühlt euch wohl, breitet euch aus, ich bin bereit, das Glück zu beherbergen. (Die Botschaft für Petra und Thomas zu ihrer Hauseinweihung)

Alles wird von Energie durchwirkt und bestimmt somit die Gesamtbeschaffenheit.

In einem Haus, in dem es viel Streit gibt, wird die Energie, der Geist ein nehmender, ebenso wie die Familie sich untereinander pflegt.

Wenn die Familie es schafft, dass liebevolle Gesten und liebevolles Miteinander die Oberhand bekommen, bekommen das ganze Haus, die Möbel und das Geschirr wieder eine wertvolle sympathische Ausstrahlung. Gegenstände, Geräte und Maschinen in einer achtsamen, liebevollen Umgebung halten länger. Negative, nehmende Energien zerstören auch Materie. Hass, Neid, Angst vor Gott, Angst vor dem Leben und Missgunst sind nehmende Energien.

Da du ein Energiekraftwerk bist und deine Materie, deine Knochen, deine Haut, deine Haare usw., von der Art deiner Energie abhängig sind, liegt es in deiner Hand, in deiner Macht mit welchen Energien du deinen inneren Haushalt speist.

Mit einer liebevollen, toleranten Lebenseinstellung, könnte dein Energiehaushalt, deine Kraft sich wieder regenerieren.

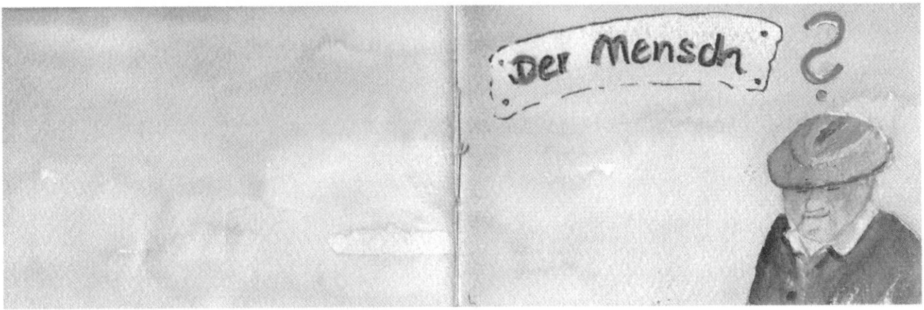


## Mensch

Der Mensch – ein göttliches Wesen?

Ich, der Mensch, denke um mir meine Sicherheiten zu schaffen, um mich abzugrenzen und um mich zu schützen. Mein Denken hat „ich brauche" als Fundament.

Mir, dem Menschen, ist das Bewusstsein, ein Teil des Ganzen zu sein, zu einer Gemeinschaft zu gehören, in der ich jederzeit geliebt werde, egal was ich tue, verlorengegangen.

Menschen, die sich vom Vertrauen getrennt haben leben in der Angst. Durch die Möglichkeit, Macht auszuüben ist diese Trennung passiert. Wer die Macht gewählt hat, hat sich von Liebe/Gott abgewendet.

Wer die Ohnmacht gewählt hat und sich von der aufgeblasenen Macht einschüchtern ließ, weil er vielleicht geglaubt hat, dass die Opfer die „besseren" Menschen sind, hat sich auch von Liebe/Gott getrennt.

Die Aufgabe des Menschen wäre sich seine eigene Meinung zu bilden und für sich selbst einzustehen. Passt er sich irgendwo an, um sicher zu sein, geht seine Kraft verloren. Wer sich irgendwo dazustellt, damit er versorgt und versichert ist, lähmt damit seine Entwicklung. Courage und Eigeninitiative fördern das Selbstbewusstsein und den Selbstwert.

Wenn dein Chef das nicht erträgt, wäre es vielleicht an der Zeit, dir einen anderen zu suchen!

Ich, der Mensch, das göttliche Wesen, ICH BIN.

Deshalb kann ich meine Gedanken und Kräfte nutzen, um meine Welt zu gestalten.

Mein Denken hat „ich bin, ich habe" zum Fundament. Deshalb kann ich geben, vertrauen und vermehren.

Er, der göttliche Mensch, lässt sich nicht bevormunden und bevormundet auch nicht.

Er lässt sich nicht beirren von dem Gehabe und Gehetze des Umfeldes.

Er hat in sich Frieden und das Gefühl alles zu haben was er braucht.

Er muss sich nicht verkaufen, oder etwas Besonderes darstellen. Das könnte er gar nicht, weil er sich ja gut findet, so wie er ist.

Das ist eine starke stille Kraft.

Der göttliche Mensch arbeitet in der Stille und weiß, wenn er laut wird, verliert er Kraft. Nimmt er am Wettbewerb teil, verliert er an Qualität.

Er vertraut darauf, von Seinesgleichen gefunden zu werden.

Er ist lebendig und aktiv aber stets in seinem Element. Das heißt, er tut nichts um des Ansehens willen, sondern folgt seiner eigenen Begeisterung, die niemals jemandem Schaden zufügen würde.

Er macht manchmal den Eindruck von Gleichgültigkeit dem Unheil der Welt gegenüber. Jedoch weiß er darum, dass er immer seine Wege zu Ende gehen wird. Und das Leid das die Menschen verursachen, oder in das sich einer hineinbegibt ist dazu da um zu erkennen und zu erfahren.

Er schaut sogar oftmals genauer hin als ein „weltverbessernder Revolutionär" und trägt durch seine Gelassenheit mehr zum Frieden bei, als jemand der Unfrieden mit Unfrieden oder Zwang beseitigen will.

Der göttliche Mensch Weiß darum, dass Gottes Haus viele Türen hat. Diese Räume beinhalten Möglichkeiten wie Leiden, Kämpfen, Richten, Schwindeln usw. und das sind alles Lehrstätten um zu begreifen, dass alles lieblose keine Früchte trägt.

## Mut und Feigheit

Ich, der Mut, bin die Entschlossenheit, aufrichtig durchs Leben zu gehen.

Mut braucht man um durch die eigenen Zweifel zu gehen.

Mut fordert dich auf, aus Unerfahrenheit Erfahrung zu machen.

Mut brauchst du um unbekannte Situationen zu beschreiten.

Dabei förderst du deine Kräfte und Begabungen heraus.

Es sind keine Mutproben, sondern der Drang zu wachsen, sich zu erfahren ist die Motivation.

Der Mut macht dir Mut, Visionen zu verwirklichen, eigene Fußspuren zu hinterlassen, neue Wege einzuschlagen. Mut fordert deine Entwicklung.

Mutige brauchen und haben Beherztheit. Es geht nicht um Konkurrenz, um bester zu werden, es geht um die Ausführung ihrer Interessen.

Warum fehlt so vielen Menschen der Mut?

Es fehlt ihnen nicht der Mut, sondern sie sind nicht bereit sich selbst zu tragen. Sie begeben sich lieber in Sicherheit und lassen einen anderen für sich mutig sein. Wobei das nicht gut geht, denn der Mutige braucht kein Anhängsel, sondern Gleichgesinnte. Mut ist all gegenwärtig!

Darauf muss man nicht warten oder hinarbeiten.

Aber Mut hebt die Begrenztheit auf, macht Ausreden überflüssig, bringt dich aus deiner Passivität, dafür aber in die Eigenverantwortung und das ist vielen Menschen noch zu riskant, in Freiheit werden sie nicht mehr versorgt, unterdrückt und bestimmt.

Es ist so, dass der Mutige viele Gründe weiß um anzupacken und der Feige genauso viele Gründe findet es nicht zu tun. Der Feige hat Interesse für Probleme, aber nicht weil er sie lösen will, sondern weil sie ihm den Weg verbauen. Sie liefern ihm Ablenkung vom eigenen Vorwärtsgehen, von der eigenen Entwicklung.

Probleme kann man sich durch Denken kreieren, oder man nimmt sich der Lasten anderer an um sich selbst ein Alibi „Gutmensch" zu liefern.

Der Feige will nicht mutig sein, sonst wäre er es!

Die Feigen verbreiten Sorgen, Probleme, Krankheiten, Ausfälle, Unwahrheiten. Sie schwächen die Gesellschaft. Sie graben sich mit Jammerei gegenseitig das Leben ab.

Heute haben wir Sonntag, den 26. Februar 2012. Wir sind mitten im Umbruch. Der Zerfall der Systeme, die die Feigen beherbergen und ausnutzen ist überall sichtbar. Es sind die Feigen die das Geld der anderen verzocken. Sie wollen damit ihren Frust, ihre Unlust, ihr unglückliches Dasein verändern. Aber echtes Glücksgefühl ist auf diese Weise Gott-sei-Dank nicht zu erreichen. Und wenn der Sparer sein Geld ins Leben, in seine eigenen Begabungen investiert hätte, hätte er jetzt ein eigenes kleines oder großes Unternehmen, wäre unabhängig.

Und so hat ein anderer Feiger seine Sicherheit in Nichts verwandelt.

Der Feige verwendet viel Energie um seine Strategie zu halten: „Wie kommt man mit möglichst wenig Eigenrisiko, Eigenleistung zu seinen täglichen Brötchen?"

Die Sozialkassen können diesen Zustand nicht mehr bewältigen, wenn alle nur noch Nehmen wollen und keiner mehr geben will. Und somit leeren sie gemeinsam die Kassen, dann gibt es großes Gejammer über ungerechte Staatsführung, wie in Griechenland wo auch der kleine Mann sich so gerne als Opfer sieht.

Die Mutigen sind immer die Träger in eine neue Zeitqualität, in eine neue Ära des Bewusstseins.

**Der Mensch ist aufgefordert, sein Leben zu leben und nicht sich zu entsorgen.**

Leben besteht aus Eigenschaften wie Freude, Liebe, Talent, Mut.... Und wer diesen Lebenskräften aus dem Weg geht, unterdrückt seine Seele und macht sich unmündig und abhängig.

Nelson Mandela schrieb vor Jahren, dass der Mensch Angst vor seiner Kompetenz, vor seiner Größe hat und ihm sein klein sein sicherer erscheint.

Evolution ist wachsen und verändern. Wer nicht freiwillig zum Leben ja sagt, wird in dieser Zeit hin und her gerissen, bis er aufhört, nach rettenden Strohhalmen zu greifen und endlich seine innewohnenden Kräfte und Begabungen nutzt.

Auf diese Weise kriegt er wieder Boden unter den Füßen und sein Leben, befreit von Ausreden und Abhängigkeit, wird ein stabiles werden.

Der Mutige hat mehr mit dem Neid und den Niederträchtigkeiten der Feigen zu kämpfen, als mit der Angelegenheit selbst.

Die Menschen, denen die Feigen Steine in den Weg gelegt haben, sind daran gewachsen.

Sie haben gelernt:

Wer so viel Spott erntet – wird Erfolg haben!

Ist Neid nicht die größte Form der Anerkennung?

Die Feigen müssen erst noch lernen Spott zu ertragen und die Spötter sitzen auch noch in den eigenen Reihen.

Und trotz allem, es lohnt sich, sich von der Feigheit zu verabschieden und vom Mut sich das Leben zeigen zu lassen!

## Polarität

Ich, die Polarität, bin der Halt des Ganzen.

Der Anfang und das Ende, das Oben und das Unten, das Gute und das Schlechte, ich und die anderen, die Armut und der Reichtum, das Leben und das Sterben usw.

Wenn es den Anfang nicht gäbe, gäbe es auch kein Ende, wenn nichts begonnen werden kann, kann es auch nicht zu Ende geführt werden, um wieder neu zu beginnen.

Wenn es keine Öffnung gäbe, könnte man nichts schließen.

Wenn es keine Geburt gäbe könnte man nicht sterben.

Gäbe es das Hässliche nicht, würde man das Schöne nicht bemerken

Gäbe es die Nicht-Liebe nicht würde man die Liebe nicht begreifen.

Der Sieger erzeugt den Verlierer und der Verlierer ermöglicht den Sieger.

Solange die Polarität als gutes Ganzes erkannt wird, lebt man in Frieden. Die Trennung, das heißt dass man nur entweder – oder sein kann, bringt Unfrieden, Kampf, Ohnmacht oder Macht. Schwarz oder weiß, bunt ist Unsicherheit, also ist Beregeln Sicherheit. Diese Trennung ist so absurd und doch wieder nützlich um zu erfahren, dass alles eins ist.

Die dreckige Wäsche meines Nachbarn ist für mich nur interessant, wenn ich den Dreck aus meinem Leben verbanne. Geht denn das?

Nein, denn wenn ich meinen Alltag danach ausrichte sauber zu bleiben, verursache ich viele lieblose, verurteilende Situationen, die dem Leben den Saft entziehen. Somit zieht die Einseitigkeit mit ihrem Gefolge wie Allergie, Abwehrschwäche, Motivationsarmut, Unsicherheit und Misstrauen in mein Leben.

Der Irrtum, dass man nur entweder das Gute oder das Schlechte, der Starke oder der Schwache, ein Sieger oder Verlierer, mächtig oder ohnmächtig sein kann ist die Ursache aller lieblosen Handlungen und Entscheidungen.

Himmel ist das Oben, Hölle das Unten,

nach oben steigt, was leicht ist,

nach unten fällt, was schwer ist,

nach oben steigt, was warm ist,

nach unten fällt, was kalt ist.

Menschen die kalt und schwer sind, weil sie durch die Trennung ihre Mitte verloren haben, sind nicht selten auch licht- und wahrheitsscheu.

Menschen die schweben, also keine Erdung haben, gehen der Verantwortung, also auch der Mitte aus dem Weg. Sie verlieren ihren Standpunkt, ihre Durchsetzungskraft, ihr Rückgrat, ihre Realität und gewinnen die Illusion von „heilig sein", „besser sein", „rein sein", „Opfer sein". Sie sind schatten- und wahrheitsscheu.

Immer wenn ich mich in eine Trennung gebracht habe, durch die Vorstellung „besser oder schlechter" zu sein, begebe ich mich in das Macht-Ohnmachts-Spiel. Die Macht der Ohnmacht ist genauso präsent, wie die Ohnmacht der Macht.

Wenn sich ein Familienmitglied in die Ohnmacht begibt, lähmt es damit die ganze Familie und hat somit die Macht.

Wenn sich ein Tyrann aufspielt, hat er nur so lange Macht, bis die anderen ihre Ohnmacht aufgeben. Und somit ihre Kraft und Selbstbewusstsein zurückgewinnen. Folglich wird der Tyrann als armselige Bedürftigkeit erkannt.

Die Polarität beinhaltet die Möglichkeit der Entscheidungen, der Reife, der Wahl, also der Freiheit. Und du wirst wohl oder übel irgendwann verstehen, dass alles ausweichen vom Gegensatz der Gegensatz ist in dem du lebst.

Wer auf der Seite der „Guten" das „Böse" bekämpft hat Kampf und Unfrieden in seinem Leben und den „Bösen" die passende Unterhaltung geboten.

Lerne vom klein sein keine Angst zu haben, dann hast du auch vom Großen weniger Angst.

Akzeptiere Verlierer zu sein, dann bist du auch ein Gewinner.

Erlaube dir dumme Fehler zu machen, da wirst du weise.

Wenn du nach Erfolg strebst, sitzt der Misserfolg dir im Nacken.

Wenn du nicht altern willst, kannst du die Jugend nicht genießen.

Wenn du jung bleiben willst, kannst du das Alter nicht genießen.

Die Mitte ist immer die Liebe.

Die Mitte ist: Es ist gut, wie es ist.

Die Mitte ist die Freude, sie bringt Erfolg.

Die Mitte ist jetzt, nicht früher oder später.

Die Mitte ist mal geduldig zu sein, mal ungeduldig.

In der Mitte ist es leicht zu akzeptieren, nicht zu verurteilen, weil man erkennt, dass alles zusammen gehört.

Lebst du einseitig, beginnt dein Schiff zu schwanken und du verlierst den Kurs.

Dein Umfeld ergänzt deine fehlende Polarität:

Bist du zu brav – sticheln dich deine Kinder,

bist du zu freudlos – füllst du mit süßem auf,

bist du zu ängstlich – erscheinen dir alle mutiger,

bist du hilfsbedürftig – suchst du dir Starke,

bist du verantwortungslos – suchst du dir Mächtige.

Bist du in der Mitte, kannst du nicht ausgenutzt werden, weil dein Geben und Nehmen ausgeglichen ist.

Wenn du deine Mitte findest, bist du wieder auf deinem Kurs!

## Deine Quelle

Wenn du deine Lebensquelle verschließt musst du dir eine andere gestalten. Nennen wir es „die kranke komplizierte Lebensart".

Krank ist alles, was nicht gesund ist. Also nicht aus deiner Liebe, deiner Quelle fließt. Wobei die Krankheit in vielen Variationen, Möglichkeiten, Raffinessen auftreten kann. Auf jeden Fall muss sie dich im Außen mit Energie versorgen.

Dumm stellen, schwach sein, ich kann nicht, ich wurde so erzogen sind Ausreden und Bestandteile deines kranken Spieles.

Ich würde ja, wenn und aber sind ebenfalls Ausreden, die durch langen Gebrauch Gewohnheit werden und ein ständiges Mitspracherecht beanspruchen. Dadurch gestaltest du dir einen Mitbewohner, der die Aufgabe hat, dich vor der eigenen Quelle, Kraft zu „bewahren". Die unausweichliche Folge davon ist, dass man sich einen zweiten Mitbewohner gestalten wird, um von Anderen Energie geliefert zu bekommen. Da man ja die eigenen Quelle nicht nutzen will oder sie vergessen hat.

Dieser zweite Mitbewohner könnte den Namen Krankheit haben. Krankheit hat eine Eigenschaft, nämlich das Gesunde zu suchen.

Jetzt könntest du aufhorchen und dich auf den Weg machen, nach deiner eigenen Kraftquelle zu suchen, oder du benutzt die Krankheit um dir damit von anderen Energie zufließen zu lassen.

Wer sich endlich auf den Weg macht um die eigenen Quelle wieder zu finden, wird immer wieder über die eigenen Ausreden stolpern, denn dafür wurden sie ja geschaffen.

Denke über dein Denken nach, denke an nichts anderes als zum Beispiel den Satz „Ich kann nicht". Stell dir bildlich vor, dass du vor einer Tür stehst, hinter der etwas ist was du möchtest. Auf der Türe steht „ich kann nicht" oder eine andere Ausrede. Schaue konzentriert auf das Schild an der Tür, bis sie durch deine ehrliche Aufmerksamkeit ihre Kraft verliert.

So kann man geistige Blockaden abbauen.

Aber du musst die Wahrheit über dein gebasteltes Lebensmodell wissen wollen. Denn Unwahrheit hat gegen Wahrheit keinen Bestand. Wenn du nur tust als ob, wird die Tür verschlossen bleiben.

Die Krankheit zu gestalten braucht viel Mühe. Da muss man vorher, also auch viele andere Leben sein Dasein damit verbracht haben, die eigenen Impulse, Ideen und Freuden zu ignorieren und somit die eigene Quelle stillzulegen. Z. B. sind Gehorsam sowie auch Grausamkeit nicht möglich, wenn du deine Lebenskraft und Lebensfreude spürst. Ein Mensch, der mit seiner Quelle verbunden ist, hat Achtung vor dem Leben anderer, er muss nicht höflich sein, sondern er ist es.

Wenn Krankheit in deinem Leben bereits die Oberhand gewonnen hat, dann ist die Arbeit umso langwieriger, weil das auch deutlich macht, dass du deine Quelle gründlich verriegelt hast.

Die Quelle ist die Liebe, also auch Wahrheit, Kraft, Freude usw.

Also auch deine Heilkraft.

Die Schwierigkeit bei der Suche ist, dass man ständig etwas sucht aber man weiß nicht was. Man hat keine Vorstellung davon, man fühlt aber, dass einem etwas fehlt.

Du suchst etwas „vergessenes“. Dazu hilft dir die Möglichkeit der Seelenbilder, die deiner Vorstellung Bilder vermitteln, in denen du erkennen, handeln und verändern kannst.

Stelle dir zum Beispiel einen Baum vor und achte auf die Jahreszeit. Das ist ein Hinweis auf deine Reife. Wenn es noch Winter ist, fehlt dir die Wärme, die aber da wäre, in deinem Herzen, wenn du deinen Ängsten (Ausreden) kündigen würdest.

Grabe nach deiner Quelle!

Baue dein Ausreden ab und du wirst etwas Kostbares finden:

Glücklich sein!

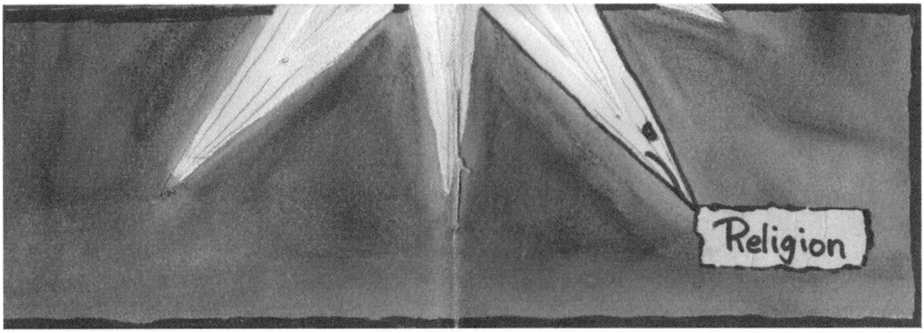


**Religion**

Ich, die Religion, bin ein Machtwerk der Menschen. Geschaffen mit der Absicht, die Menschen von ihrer bereits vorhanden Göttlichkeit zu trennen.

Die Religion soll den Menschen weißmachen, dass es etwas zu erreichen, zu erringen, zu erleiden und zu gewinnen gibt.

Durch die ständige religiöse Berieselung, dass der Mensch das „Böse" besiegen muss, haben sie es erst erschaffen.

Kein Mensch wusste, was das „Böse" ist, bis die Kirche ihn „aufgeklärt" hatte, dass das „Böse" im Menschen die Lebenslust, die Freude, die Verführung, die Ungläubigkeit, die Eigenmächtigkeit, der Ungehorsam, die Unkeuschheit usw. ist.

Sie erzählten, dass Gott die Braven, die Gehorsamen, die Demütigen, die Leidtragenden, die Selbstlosen mit Gloria ins Himmelreich lässt und die Lebensfrohen sind der Hölle bestimmt.

Dabei kann man sich vorstellen, dass viele Menschen diese Selbst-Kasteiung, Selbst-Verleugnung nicht durchhalten wollten oder konnten und sich selbst als „Gefallener" einstuften. Diese

„Gefallenen" glaubten Gottes Gunst verloren zu haben und nun sei es egal, was sie taten, sie hatten ohnehin nichts mehr zu verlieren. Diese „Gefallenen" waren käuflich, aggressiv, wütend und bereit ihre Wut an anderen auszulassen. Und schon hatten die Mächtigen ihre Henker, Steuereintreiber und Folterer installiert. Viele solcher „Gefallener" glauben heute noch, dem Göttlichen, der Liebe nicht würdig zu sein und das ist ein folgenreicher Irrtum des Menschen.

Ein Mensch der nicht erhobenen Herzens lebt, lebt seine Bestimmung nicht und braucht somit eine Fremdbestimmung!

Und genau das war das Ziel der Religionsgestaltung.

Ich sehe ausgemergelte Menschen, besonders in streng gläubigen Familien, dort habe ich viele Krankheiten hausen sehen. Ebenso in gottlosen Familien, aber dort in einer anderen Art. In der einen halten die Frauen ihre Schenkel zusammen, in der anderen werden sie als Handelsobjekt eingesetzt.

Wer glaubt, mit Lust zieht der Teufel ein, wird die Männer als Bedrohung ihrer Heiligkeit sehen und doch braucht frau ihn für Schutz und Sicherheit. Das ist so ein paradoxes Miteinander, da kann das Glück, die Liebe nicht einziehen.

Ja, dann zieht das Unglück, die Freudlosigkeit oder die Krankheit ein. Der Mensch versteht das Leben nicht mehr. Kann er auch nicht, es sei denn, er schenkt dem Unsinn Religion keinen Glauben du hört auf seine Herzensstimme. Das ist ja der Gott, den wir in uns haben, den uns aber die Religion ausreden sollte.

Die Religion ist Teil eines Machtwerkes, das ebenfalls den Menschen im Mangelzustand halten will. Dadurch braucht er ständig, sichert sich, versorgt sich, traut sich seine Bestimmung nicht zu und damit nährt er und baut die großen Konzerne auf.

Ein Mensch der seinen inneren Gott wieder wahrnimmt, hat seinen roten Faden wieder und weiß und fühlt, wofür er brennt. Er kann unterscheiden was echt und was unecht ist, baut seine Zwänge ab, weil er Freiheit braucht.

Die „Macht“ hat Angst davor, dass der Gott im Menschen erwacht, indem er erkannt wird. Weil diese Art Macht auszuüben nur über Angst schüren, Einschüchtern und Manipulation möglich ist.

Ein Mensch der seinen Gott in sich wahrnimmt, mit im lebt, hat keine Angst mehr, weil er erkennt, dass die Macht aus lauter feigen, faulen Angsthasen besteht, die wiederum faule, feige Angsthasen als Diener anstellen, die ihre Drecksarbeit ausführen sollen.

Die Religion ist wie ein Illusions-Wattebausch im Hirn der verhindert die Wirklichkeit zu sehen.

Wer den Mut und die Kraft hat, so etwas auszusprechen, wird damit sich und vielen anderen ins Leben zurückhelfen!

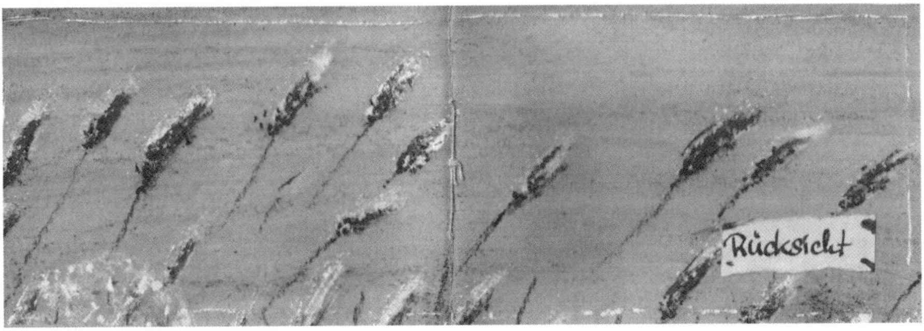


## Rücksicht

Jeder hat ein Kapital in sich, ein Vermögen, das ihn in Verbindung mit dem Göttlichen ein Leben ohne Entbehrungen und in Vielfalt ermöglicht.

Seine innerste Kraft, also seine Göttlichkeit zu leben fordert und fördert Mut und Vertrauen ins Leben und zu sich selbst.

Wer Gruppenschutz und Gruppensicherheit wählt, behindert sein Wachstum und wird abhängig. Wer seine innere Macht, die ja hauptsächlich durch Eigenverantwortung entsteht, nicht nutzen will, weil er lieber einen anderen vorlässt, vorschiebt, verantwortlich machen will, dessen Kräfte bleiben im mageren Zustand. Er dient, bohrt, zerrt, erwartet und fordert vom anderen sein Gesichertes.

Beispiel:

- Angestellte, die nicht wahrhaben wollen, dass der Chef auch nur ein Mensch ist.
- Chefs, die nicht sehen wollen, dass der Angestellte ein wertvolles Wesen ist.

- Ehefrauen und Mütter, die ihr eigenes Interesse stilllegen um sich nur für die Familie zu „opfern".
- Kinder, die schon längst erwachsen sind und sich mit den Fehlern der Eltern in einem immer noch hilflosen Zustand halten.
- Und viele weitere Variationen.

Rücksicht auf die Schwachen zu nehmen heißt:

Ihre Flucht vor der Verantwortung, vor der Eigenkompetenz zu unterstützen. Lerne es zu akzeptieren, aber Schwache ständig zu unterstützen ist keinem hilfreich.

Und da der Starke oft Angst hat vor der Ungerechtigkeit und Wut, die ja aus dem Neid des Kleinen entsteht, ist er hilfsbereit und entgegenkommend und verliert damit Energie und Zeit für sein eigenes Leben.

Wenn der Herzensmensch sein Licht zurücknimmt, seine Freude zurücknimmt, damit der Schwache sich seiner Schwäche nicht bewusst wird, ist das falsche Rücksichtnahme. Was ist denn verkehrt daran, wenn der andere durch deine Erscheinung merkt, dass er durch seine Lebensart ins persönliche Defizit kommt. Sich auf die Schwachen und Kranken zurückzustellen, ist ungesund und lebensfeindlich.

In der Pflanzenwelt würde das Bild folgendermaßen aussehen:

Es fallen zwei Eicheln vom Baum auf die Erde. Die eine freut sich aufs Wachsen und die andere sieht alle Gefahren und beschließt nur im Schatten der anderen mitzuwachsen. Die eine lernt mit Stürmen, Trockenheit, Sonne und Umwelt stark zu werden, die andere entwickelt Ängste und Allergien dagegen und erfährt ihre Kraft nie.

Irgendwann kommt bei der Schwachen die Wut über die Stärke der Anderen hoch und sie beginnt die Starke zu hassen. Sie macht ihr Rücksichtslosigkeit und Größenwahn zum Vorwurf.

Dabei ist wachsen nur ein natürliches Ergebnis, wenn man sich dem Leben stellt. Wenn die Große sich auf den Krieg einlässt und sich zu verteidigen beginnt, hat auch sie ein gestörtes Wachstum und beide werden krank.

Wenn die große Eiche weiß, dass die Kleinheit der anderen das Ergebnis ihres gesicherten Unterstellens ist, muss sie kein schlechtes Gewissen haben über ihre Größe und kann sich weiterhin ihres Lebens freuen.

So nun wieder zu den Menschen, die sind ja nicht fest im Boden verwurzelt, sie sind beweglich und können aus dem Schatten der anderen heraustreten. Das wäre eine Erleichterung für beide.

Rücksicht und Rücksichtslosigkeit

sind zwei Gegenpole und die Mitte ist immer in der Liebe. Und die Liebe ist die größte Macht, weil sie diese Kriege (kriegen) *klein – groß* und *unten – oben* nicht führt. Sondern sie trägt jeden, der heraus will aus diesen einseitigen Polen der Wertung, die Ängste erzeugen.

Ein liebender Mensch ist mit seinem Leben verbunden und akzeptiert, dass manche Menschen noch die Vorzüge eines Schattendaseins schätzen und vor sich hinvegetieren.

Wer sich dem Leben stellt, wächst und wird stark.

Wer Schutz sucht, lernt seine Kräfte nicht kennen.

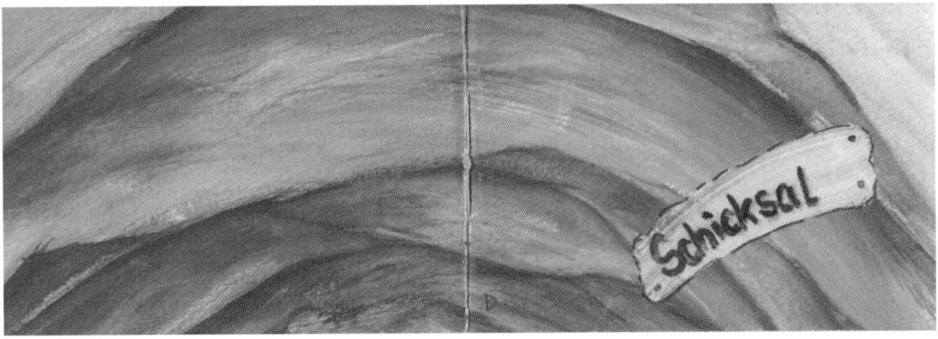


## Schicksal

Ich bin etwas, das ausschließlich mit dir zu tun hat.

Ich bringe dir nur Dinge, Ereignisse die dich weiterbringen. Auch wenn es Probleme sind, handelt es sich um wohlwollende Sendungen.

Es hat immer mit deiner Geschichte zu tun und mit dem Plan, der dich zu einem reifen Menschen macht. Oft sind es unerlöste Verbindungen aus der Vergangenheit, mal solltest du eine neue Seite an dir kennenlernen oder du hast dich zu lange auf einem mühevollen Pfad bewegt.

Manchmal wirst du mit dem Einverständnis deiner Seele aufgefordert eine andere Form des Lebens zu erfahren.

Das Schicksal bringt Erlebnisse in das Leben, aber deine Angst verstellt dir oft die Sicht auf das Geschenk, das es beinhaltet. Wenn es gerade die Aufgabe eines Menschen ist zu erfahren welchen Wert man selbst hat und du verbissen an äußeren Wertvorstellungen festhältst, wird die Lernerfahrung schmerzhaft, weil dir etwas genommen werden wird, damit du dich damit auseinandersetzt.

Du kannst erkennen, ob dein Wert darin besteht, dass du der Chef der Firma XY bist, die Frau von Herrn XY oder der Besitzer einer wertvollen Sammlung. Dabei kann passieren, dass du für das Leben selbst kein Ohr mehr hast, weil deine Angst, deinen Wert zu verlieren, deine Lebendigkeit und deine Begabungen beherrschen. Du wirst auf alle Fälle liebevoll, auch wenn's schmerzlich ist, auf ein Reich vorbereitet, in das du nur mit echtem Vertrauen eintreten kannst.

Wenn du hartnäckige Vorurteile hast, wie z. B. „eine Frau, die ihre Reize zeigt, ist eine Hure", kannst du dir sicher sein, dass du sie als Nachbarin, Kollegin oder gar als Tochter bekommst. Das ist ein Geschenk des Schicksals. Damit du lernst, dass dich das für dich notwendige Vorurteil vor deiner eigenen Weiblichkeit schützen soll. Doch da der Himmel daran interessiert ist, dass du an deiner Weiblichkeit Freude hast, wirst du ständig damit konfrontiert, damit du den unbewussten Kampf aufgibst.

Ein anderes Beispiel:
Es gibt Menschen, die haben ihr Leben aus Angst dermaßen im Griff, dass man ihnen kaum Schicksalsgesetze schicken kann. Sie sehen es immer als Falle oder Strafe an und deshalb zieht eine Möglichkeit nach der anderen, vielleicht mit der Ausrede: „ich habe keine Zeit" an ihnen vorüber, mit der Überzeugung, sich vor dem Unheil gerettet zu haben, weil sie sich niemals auf etwas einlassen.

Gerade den Menschen, mit hohem Maß an Selbstbestrafung, Selbstkritik und Bewertung möchte das Schicksal die Augen öffnen für die Güte, die der Himmel bereithält.

Das Schicksal schickt ihnen entsprechende Situationen, aber ihre Einstellung fordert und sieht am Leben nur das Bestrafende und

Schwierige. Deshalb werden sie viele Chancen als Gefahr umgehen und hierin sehen sie dann die Bestätigung für die Strafe Gottes, dass ihnen im ganzen Leben kein Glück widerfahren ist.

## Schmerz

Ich, der Schmerz, habe viele Gesichter.

Der Schmerz, der außen erzeugt wird, z. B. durch bloßes Aufstellen eines Galgens, erzeugt eine Reaktion in deinem System. Warnung, Vorsicht, Schutz, Flucht oder Angst sind natürlich. Aber in diesem Zustand kann man nicht leben und lieben. Womit ich sagen will, dass diese Folterinstrumente nicht nur dazu da waren, um einzelne Menschen zu bestrafen, sondern um die Qual, den Schmerz ins Leben zu rufen, als großer Helfer der Einschüchterung, wenn man es schafft, das Optimistische zu schwächen, ist der Mensch im Misstrauen und beginnt sich nach Sicherheit zu sehnen. Somit begibt er sich in eine Abhängigkeit und ist käuflich.

Eine Abhängigkeit ist als ob man an einem Tropf hängt, ohne den man nicht existieren kann. Der Tropf in der heutigen Zeit kann sein: Pharmazie, Medien, Versicherungen, Gruppenzwang, Erfolg, Titel, Siege, Bildung, beschäftigt werden usw. Allein die Anwesenheit von etwas Schrecklichem lähmt den Fluss. Genau das ist und war die Absicht von mächtigen Gemeinschaften, die auch die Religionen dazu benutzten.

Sie füttern uns als Ersatz für Vertrauen und Freude mit Dingen, die noch leerer und abhängiger machen.

Was von dieser Gelähmtheit befreien würde, ist zu wissen, dass Schmerz, Schrecken dieser Art immer vom Menschen erzeugt werden muss und nie natürlich ist.

Die Liebe/das Herz weiß das und würde dir auch helfen, diese schmerzenden Engpässe passieren zu können. Dazu musst du aber dein Herz leben lassen, und nicht schützen.

Der Schmerz, der dich ohne äußere Einflüsse peinigt, ist ein Signal um dich aufmerksam zu machen, wo du von deinem Weg, von deiner Liebe abgewichen bist.

Der Schmerz den man selbst erzeugen kann:

Das schafft man, wenn man seine Verantwortung nicht tragen, sein Leben nicht leben will. Man glaubt, dass der Schmerz das geringere Übel ist. Außerdem ist Krankheit eine gesellschaftlich anerkannte Ruhestätte.

Der Schmerz durch den Verlust eines geliebten Menschen:

Der Tod ist ein Nach-Hause-Gehen und bedeutet für den Gehenden befreit sein und heimkommen. Wenn man den Scheidenden mehr geliebt hat, als sich selbst, ist das für den Zurückbleibenden schwer, zu sich zurückzufinden. Diese Lücke, die er jetzt spürt, weil der andere sie bis jetzt gefüllt hat, schmerzt.

Schmerz im Rücken

hat meist die Ursache, dass man zu viel oder zu wenig trägt. Man trägt auch noch aus früheren Leben.

- Zu viel: wenn man Verantwortung für andere trägt
- Zu wenig: wenn man für sich entscheiden und Verantwortung tragen lässt

Meditation:
Betrachtet euer Leben als Lebensgarten. Wer ihn vernachlässigt, oder nicht in ihm wohnt, lockt Parasiten und Fremdbewohner an. Wer einen dicken Zaun herumbaut, der erstickt das Leben

Mit deinem Verhalten, deiner Einstellung erzeugst du deinen Zustand, dein Befinden.

Schmerz ist immer ein Erzeugnis von Nicht-Liebe.

Der Schmerz ist ein Kind in dir, das schreit.
Ob da eine Tablette die Heilung ist?

Der Schmerz hat eine Botschaft für dich.

Der Schmerz ist Fehlendes.

Schmerz ist ein Mangel und sucht das Fehlende.

Schmerz möchte dich zu deiner Ganzheit führen.

Die Leidenden sind Gott näher ist eine beabsichtigte Lüge, um die Menschen aus ihrer Kraft zu führen.

Die Belohnung für Leid ist Leid.

Die Belohnung für Freude ist Freude.

Egal ob du das dir oder den anderen zufügst!!

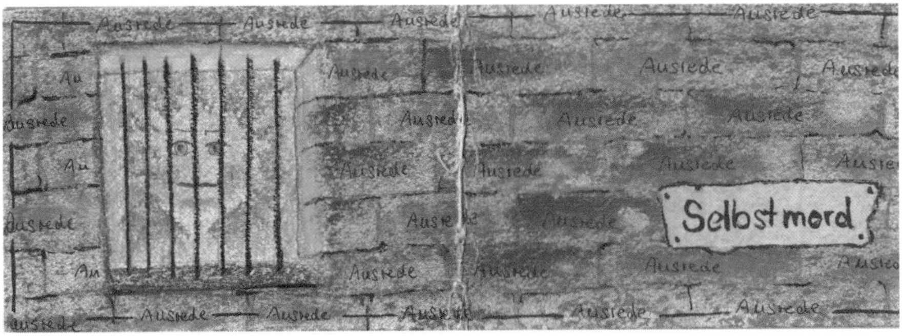


## Selbstmord

Selbstmord ist ein Begriff der von den meisten fehlinterpretiert wird.

Wenn du dich von der Brücke stürzt und damit dein Leben beenden willst, wirst du dadurch dein Selbst nicht los. Du wechselst lediglich in eine andere Möglichkeit und kannst damit deinen irdischen Ballast loswerden.

Wenn du dein Leben in eine Sackgasse gefahren hast und nicht mehr zurückfindest oder finden willst, gibt es durchaus die Möglichkeit aus dem Leben wieder auszusteigen.

Auch darin besteht die Freiheit des Menschen.

Wenn jemand unbedingt gehen will, darf und kann man ihn nicht halten. Lasst euch vom Sterben wollen eines Mitmenschen keine Schuldgefühle projizieren. Es ist gut ihm seinen Willen zu lassen. Oft hilft ihm das, weil damit sein Machtspiel die Wirkung verliert.

Jeder ist selbst verantwortlich für seine Entscheidungen.

**Ein Mord des Selbst** ist eine psychische Aktion und ermöglicht dir grenzenloses Handeln.

Wer z. B. fähig ist, Gesetze aufzustellen, die den Mitmenschen das letzte Hemd ausziehen, der muss sein Selbst erlegt haben, sonst müsste er ständig über sich weinen.

Das Selbst-Bewusst-Sein beinhaltet die Liebe und den Respekt für den anderen. Im Selbst-Bewusst-Sein liegt das absolute Wissen und Empfinden, dass wenn ich meinem Gegenüber den Finger abschneide, ist es als ob ich ihn mir selbst abschneide. Deshalb könnte ein Ich-Mensch so etwas nie tun.

Wer aber Sicherheit oder Überlegenheit anstrebt und dazu den anderen beraubt, manipuliert und Willkür ausübt, muss erst seine innere Schranke loswerden, mit der er sein Selbst mit Ausreden und Verleugnung der Liebe wegsperrt.

Dieses Selbst ist auch der göttliche Funke, sein Bewusstsein, sein Licht, das Empfindsame und viele andere Aufmerksamkeiten.

Wer sein Selbst mordet liegt einem „Gott-sei-Dank" großen Irrtum auf. Nämlich, man kann es nicht ermorden. Dieser Funke ist immer da, auch wenn der Mensch die Bosheit bevorzugt. Er lebt in der Illusion, sein Selbst verloren zu haben. Ab dem Augenblick ist er ein kaufbares, hohles Monster, nicht selten mit einer hohen Intelligenz, weil er ja berechnend ist.

Alles was dieser Mensch erzeugt, ist nur dazu da, um zu bekommen.

Sie machten die Nächstenliebe zu einer Pflicht, erfanden Geschichten, wie die vom heiligen Samariter Martin, erfanden die Moral, weil sie den Menschen dadurch zwingen konnten, freiwillig zu teilen.

Die besonders märtyrerhaften wurden heiliggesprochen. Die ganze Demonstration diente der Absicht versorgt zu werden.

Wenn einem der Bezug zum Selbst fehlt, hat man keine Ahnung von seiner Bestimmung, von seinen wirklichen Freuden, von seinen wirklichen Begabungen. Folge dessen sind sie darauf angewiesen, dass die anderen sie weiter nähren.

Ernährt wird man als Bettler, so wie auch als Politiker, Arbeitnehmer und Arbeitgeber. Man braucht jedoch eine Position, in der man die Verantwortung auf den anderen schieben kann. Das ist besonders in der Politik zu beobachten. Schuldzuweisungen und nicht eingehaltene Versprechen sind ihr Zeitvertreib und der Bürgernähe bedarf es nur, wenn es ihrem Wahlkampf dient.

Diese Selbstlosen (Herzlosen) müssen egoistisch sein, weil sie die abhängigsten Geschöpfe überhaupt sind.

Die Selbstlosen sind oft schwer zu erkennen, weil sie sich vieler Variationen bedienen, um unerkannt an ihre Beute zu kommen.

Die Beute ist immer Energie in Form von Ehre, Geld, Ansehen, Mitleid, versorgt werden usw.

Auch ein Mensch mit einem Selbst ist manchmal krank aber seine Krankheit ist ein Prozess in dem er heil wird.

Bei einem Selbstlosen dient die Krankheit der Versorgung.

Lieber Mitmensch, wenn du dein Selbst noch hast, dann hast du die Fähigkeit wirklich glücklich zu sein. Dann hast du vielleicht manchmal den Vorwurf gehört, zu empfindlich zu sein. Aber genau das ist deine STÄRKE! Höre auf diese Signale, sie wollen dir helfen und etwas mitteilen.

Den Selbstlosen fehlen diese Impulse. Deshalb trampeln sie über andere und merken es nicht. Aber sie scheuen die Wahrheit und die wirklich starken Menschen. Wirklich stark ist der, der auch sensibel für sich selbst ist.

Die Gesunden sind aufgefordert, sich ihrem Leben zu widmen, ihre Träume zu verfolgen und sich von niemandem behindern zu lassen. Dein Selbst ist die Verbindung zum Kosmos und da wartet eine Unmenge von Möglichkeiten darauf, dass du aus deiner Bescheidenheit rausgehst und die Unterstützung annimmst.

**Du musst den ersten Schritt machen,**

**dann kommt man dir viele Schritte entgegen!**

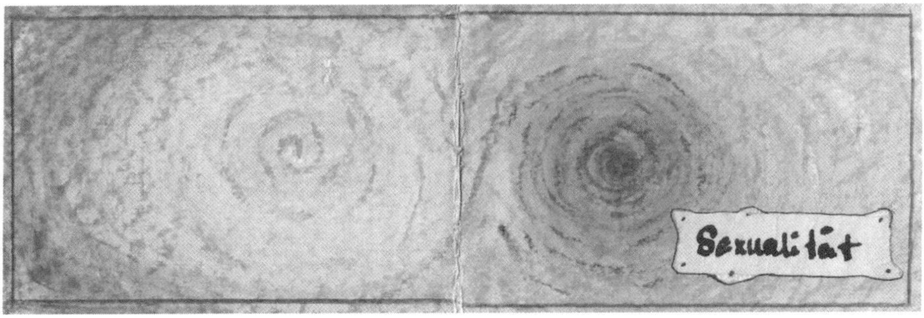


## Sexualität

Ich, die Sexualität, bin die Vereinigung zweier Wesen. In dem du dich ehrlich und liebevoll auf das Andere einlässt, gewinnst du dich.

Es gibt Menschen, die haben eine geistige Vereinigung, das heißt sie denken und reden im Einklang, fühlen sich beim anderen zuhause, das erfüllt sie.

Da ja jeder mit seiner speziell eigenen Absicht und Reife unterwegs ist, kann nicht jedermann der Vereinigungspartner sein. Auch er muss mit seiner speziell eigenen Art, Absicht und Reife im Anderen Resonanz finden.

Herzverbindung ist etwas sehr tiefes, starkes, jedoch ein freiheitliches, freiwilliges Zusammensein. Solche Vereinigungen beinhalten große Spektren der menschlichen Möglichkeiten. Sie fördern beim anderen, was der andere bei dir fördert. Bei diesem Partner bist du zuhause, weil er dich annimmt und einlässt und umgekehrt.

Diese Verbindungen kann man nicht trennen. Auch eine örtliche Trennung ändert die Verbindung nicht. Nur fühlt sich so ein Mensch ohne seinen Partner nicht vollständig, also nicht ganz glücklich. Sexualität ist bei Herzensverbindungen etwas Schönes, ein Beigeschenk, aber nicht vordergründig und kein Streitpunkt.

Ich, die Sexualität, biete ein vielseitiges Spielfeld, wobei die Regeln immer die Spieler selbst bestimmen.

Sieht mich jemand als Machtmittel, verliert er dabei etwas, nämlich die LIEBE.

Sieht mich jemand als Bezahlungsmittel, bezahlt er mit dem Verlust der LIEBE.

Sieht mich jemand als unmoralisches Verliererspiel, wird er es nicht betreten, aber sein Leben entbehrt diesen Genuss, sich im anderen zu spüren.

Sieht mich jemand als Leistungsbetätigungsfeld, wird er sein Gegenüber als Messgerät sehen und Frust ist gleich vorprogrammiert.

Sieht mich jemand als Möglichkeit seine Schuldigkeit auszugleichen, werde ich eine sehr freudlose Angelegenheit.

Sieht mich jemand als Beweismittel wie gefühlvoll und erotisch er/sie ist, werde ich eine Turnübung mit viel Gestöhne und Show, aber es wird nur so viel Gefühl aufkommen, wie in eine Seifenblase passt.

Sieht mich jemand als Spielfeld für „niedere Triebe“ wird er naserümpfend, sich als etwas „besseres“ sehend vorbeiziehen.

Sieht mich jemand als Rummelplatz und verantwortungslosen Potenz-Bolz-Platz, kann er sich in mir verlieren oder erkennen, dass er erwachsen werden muss.

Sieht in mir jemand ein Terrain in dem man seine Ehre und Würde verliert, hat sie dies wahrscheinlich in früheren Leben so erfahren, und fühlt die Verachtung und Schande jedes Mal, wenn sie damit in Berührung kommt.

Sieht mich jemand als sinnlich private Mußestunde, werde ich das sein.

Mit der Sexualität ist es wie mit allen Möglichkeiten im Leben:

**Es ist, was du daraus machst!**

## Sorgen

Es gibt lebensunterstützende und lebensbehindernde Sorgen.

Der Mensch quält sich meist mit lebensbehindernden Sorgen, weil er weniger an das Gute glaubt, sondern mehr an das was nicht gelingen könnte.

Die positive Sorge drängt dich ins Tun, damit die Blume Wasser bekommt, der Raum gelüftet wird, genug zum Essen da ist usw. Diese Positive Sorge macht sich bemerkbar, wenn es etwas Lebensbejahendes zu erledigen gibt.

Die negative Sorge hindert dich am Wachsen. Sich sorgen um Sorgen vorzubeugen, ist wie sich selbst schlagen um dem Schläger zuvorzukommen.

Diäten und Kuren statt Genießen um der Krankheit vorzubeugen.

Ein Schiff nicht fahren lassen, damit es nicht untergeht.

Einen Krieg anzetteln um des Friedens willen.

Sein Geschenk nicht öffnen, um einer Enttäuschung vorzubeugen.

Sein Leben nicht leben, damit man keine Fehler macht.

Nicht vertrauen, damit man nicht betrogen wird.

Nicht „Ja“ sagen, damit man keine Konsequenzen zu tragen hat.

Nicht „Nein“ sagen, damit man nicht zu kurz kommt.

Sich ins Bett legen, damit einem nichts passiert.

Erster oder Bester zu werden, damit man geliebt wird.

Nicht schwimmen lernen, dabei könnte man ertrinken.

Seine Kinder nicht unbeaufsichtigt lassen, damit sie durch eine feste Führung selbständig werden.

Kinder bekommen, damit man im Alter versorgt ist.

Keine Kinder bekommen, damit einem alles selber bleibt.

Jegliche Sorgen, die das Leben am Fluss hindern, bringen der Seele echte Sorgen.

Schiebst du der Freude einen Riegel vor, um nicht unglücklich zu werden, hast du genau dies erreicht. Und das ist für deine Seele eine echte Sorge.

Die gesunde Sorge unterstützt dich wenn dein Interesse nicht der Vorsorge, sondern dem Blühen gilt. Die gesunde Sorge fordert dich auf, Holz zu besorgen, damit es im Winter gemütlich warm wird.

Die kranke Sorge sagt: „Nimm ein Haus mit kleinen Fenstern, dichten Türen, kleinen Räumen, dicke Kleidung. Am besten du bleibst im Bett oder wärmst dich beim Nachbarn auf. Spare, spare, nächstes Jahr gibt es kein Holz mehr“.

Zum Umdenken um an die Qualität des positiven Sorgens zu kommen, musst du dir die Art deiner Sorgen erst bewusst machen, nachdenken ob sie dich schützen oder hindern und aussortieren.

Der gesunde Mensch hat einen gesunden, natürlichen Sorgemechanismus. Der tritt automatisch ein, wenn sein Leben durch irgendetwas gefährdet wird. Da kann man sich drauf verlassen. Sich ständig Sorgen zu machen, um der Not vorzubeugen, ist der Weg in die Not, wobei du immer kleiner und kränker wirst.

Ein Schiff nicht fahren zu lassen, damit es nicht untergeht ist symbolisch gemeint und will sagen: deine Talente nicht zeigen, damit du dich nicht blamierst.

Sein Geschenk nicht öffnen, damit man nicht enttäuscht wird, heißt: Ich denke nicht großartig über mich, deshalb werde ich auch nichts großartiges bekommen. Ich bleibe vorsichtshalber in meiner alten Schachtel, die neue wird nichts Besseres sein.

Wie viele Nachbarn bauen einen dicken Zaun zwischen sich um des Friedens willen.

Oder bekämpfen den Krebs mit der Chemiekeule, wo doch ohnehin schon das Gute fehlt.

Wir haben gelernt, dass Vorsorge unser Freund werden muss. Pharmaindustrie, Versicherungen, kleine und große Konzerne, die durch unsere Angstsorgen existieren, ermahnen immer wieder, damit wir nicht leichtsinnig werden und durch inneres Vertrauen den natürlichen Impulsen wieder eine Chance geben würden.

Denn in Wirklichkeit ist sie, die Angstsorge unser Lebensfeind.

Ich vertraue, weil ich ein Wesen Gottes bin. Und ich und das Göttliche daran interessiert sind, dass mir stets das Beste begegnet, damit ich zum Blühen, zur Entfaltung komme.

**Es ist besser, wenn ich dafür sorge – dass ich mich nicht sorge!**

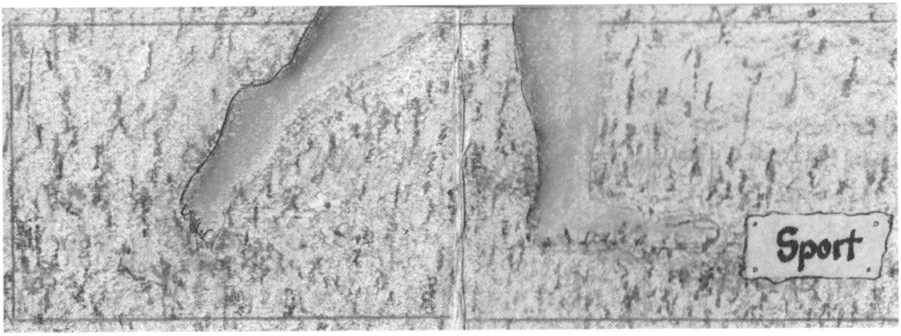


## Sport

Ich begebe mich in die Position eines lichten Engelwesens und berichte über den Eindruck, den ich habe, wenn ich von da oben auf die Menschen schaue.

Ihr müsst wissen, liebe Leser, ein Engel sieht nicht nur einen laufenden Menschen. Er sieht viel mehr an ihm.

Er sieht sein Energiefeld, das sich aus seinen Gedanken, Beweggründen und seiner Lebensphilosophie gestaltet.

Also, ich suche mir jetzt Sportler die laufen.

Da sehe ich einen alleine durch den Wald laufen. Sein Energiefeld ist dunkel und dicht.

Seine Gedanken kreisen um einen Kollegen oder seinen Chef. Jedenfalls ärgert er sich über eine Situation. Er hat einen Konflikt in seinem Leben. Die Art wie er mit diesem Konflikt umgeht, macht ihn dunkel und dicht. Dieser Mensch hat auch Angst. Angst nicht für voll genommen zu werden. Deshalb kann er auch nicht darüber sprechen. Er hofft, dass er durch das Laufen wieder freier wird.

Ich sehe die Natur, die Bäume, die Pflanzen, sie helfen ihm. Sie nehmen ihm etwas ab. Aber die Quelle in der die Schwere entsteht, projiziert ständig nach.

Ich sehe in seinem Energiefeld auch seine Mutter, deren ganzer Stolz er war und ist. Sie ist mit ihren Erwartungen immer bei ihm.

Das fördert seine Angst eine Enttäuschung zu sein.

Diese Mutter hat nicht gewusst, dass der Sinn des Lebens nicht ihr Ansehen ist, sondern dass ihr Bub seine Fähigkeiten erkennt, sie verfolgt und sie zur Entfaltung kommen lässt.

Da er darin bestärkt wurde, äußere Werte und Sicherheiten anzustreben, hat er es nicht gewagt, sein Interesse zu verfolgen und gab seine Wünsche, seinen Plan auf. Er ist jetzt in einer Position, die ihm keine Kraft gibt, weil sie ihm keine Freude macht. Und deshalb läuft er jeden Samstagmorgen, damit er den Sonntag ertragen kann, um am Montag wieder in die Mühle zu gehen.

Hilft ihm der Sport, oder was würdest du, lieber Leser, ihm empfehlen?

Meine Betrachtung fällt nun auf einen anderen Läufer. Im gleichen Wald läuft er in mein Blickfeld.

Sein Energiefeld ist milchig, unklar, jedoch nicht so schwer. Dieser Läufer will wohl seine Figur, seine Ausstrahlung pflegen, besser gesagt aufpolieren. Er nimmt den Sport um sein Aussehen zu stärken. Er setzt auf Manipulation. Auch im Umgang mit seinen Mitmenschen. Er glaubt, damit seine Natürlichkeit betonen zu können.

Ich sehe auch zwei Frauen in seinem Energiefeld. Er kann sich nicht entscheiden, welche von den beiden ihm die besten Vorteile bringt. Ich sehe viele unklare Freunde in seinem Energiefeld. Aber er ist einsam und wird es bleiben. Schade, dass er den Sport benützt um im Rennen zu bleiben. Seine Konkurrenz schläft ja schließlich auch nicht.

Dann sehe ich da noch einen Läufer. Er hält an, setzt sich auf einen Baumstamm und schaut ins Leere. Er hat Sorgen. Sein Energiefeld ist unruhig und aufgewühlt.

Er steht vor einer Entscheidung größerer Tragweite. Ich sehe auch viele Menschen in seinem Energiefeld. Er hat Verantwortung für viele.

Er wird die richtige Entscheidung treffen, denn sein Ziel ist das Wachsen miteinander.

Ich gebe ihm ein Zeichen, ich zeige ihm die Antwort.

Er schaute ins Leere, jetzt sieht er genau drei Bäume vor sich. Sie stehen für die drei Entscheidungsmöglichkeiten. Aber nur ein Baum wird wachsen. Sein Herz zeigt ihm welcher.

Er steht auf, streckt, dehnt sich und läuft weiter seinen Weg.

Jetzt kommt einer, oh je, der hat aber einen roten Kopf. Sein Energiefeld ist wund und geschunden.

Ja, was treibt diesen Mann mit sich. Aha, er hat Angst vor Krankheit und vor dem Altern, er fürchtet die Konkurrenz und eigentlich hat er gar keine Zeit zum Laufen, weil er sich ja Büroarbeit mit nachhause genommen hat. Aber man muss ja auch was für seine Gesundheit tun.

Dieser Mann sieht keine Bäume, hört keinen Vogel, sieht keine Blumen. Er lebt in einer kleinen beschränkten Welt. Obwohl er morgen schon wieder eine Geschäftsreise nach China antreten muss.

Schade, dass er so blind für das Leben ist.

Hoffentlich wird es nur ein kleiner Herzinfarkt, dann könnte er vielleicht doch noch aufwachen.

Da biegt gerade eine Gruppe von Läufern den Weg ein.

Sie haben ein gemeinsames Energiefeld mit klaren, bunten Farben. Ich nehme Achtung und Ehrlichkeit war.

Sie laufen, um sich zu treffen, um sich zu erfrischen, um sich auszutauschen, sich zu motivieren.

Sie belasten sich nicht gegenseitig mit Jammern oder anderen Unwahrheiten.

Das sieht schön leicht und unkompliziert aus.

Bei all diesen Betrachtungen war zu sehen:

Wenn zwei das Gleiche tun,

ist es noch lange nicht dasselbe!

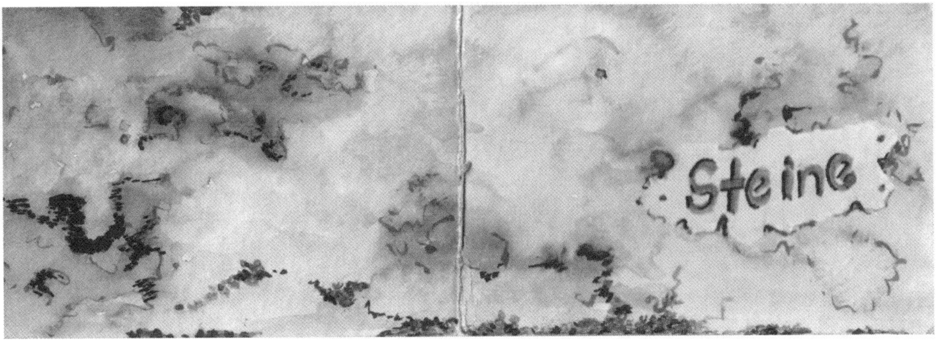


## Steine

Amethyst – Geist

Aquamarin – Ausdruck, fließen, sprechen

Augenstein – Geheimnis im Gefühl

Aventurin – Opferrolle erkennen

Amazonit – etwas Gesundes befreien

Alabaster – lebe und entscheide aus dem Frieden

Azurit – Malachit – Befehle dir endlich selbst

Azurit – Dein Vertrauen zu einer göttlichen Unterstützung zulassen

Achat blau – Strukturübernahme

Achat weiß – neues Ziel

Achat lila – Religion, Glaube

Achat orange – eine Einstellung von dir versperrt dir die Türe zur Freude

Apachenträne – Ein Versprechen (Schwur) aus einer alten Kultur

Buntkupfer – Farbe bekennen

Bernstein – Selbst-Vertrauen

Bergkristall – Klarheit, Verblenden

Blautopas – Höre auf deine Seele

Brasilit – Etwas Großes, Leuchtendes steht dir bevor, das dir aber Angst macht

Chrysokoll – etwas Vergessenes in Bewegung bringen

Charoit – nicht gelebte Bedürfnisse zulassen

Chalcedon – Mut aus dir zu sprechen

Cyanit – auf den Punkt kommen

Dentrit – Sanftheit statt Dramatik

Epidot – Heilbedürfnis aus der Kindheit

Epidot-Kristall – in deiner Natur liegt unentdecktes

Feueropal – Lebenskraft

Fluorit – lass deinen Gedankenzirkus los er zieht dich aus dem Leben

Glasstein türkis – du erzeugst Gefühle um dich selbst zu blenden

Glasstein rot – du liebst etwas um dein Leben zu füllen.

Glasstein grün – du wartest und hoffst auf etwas, was nicht glücklich macht.

Glasstein blau – du erfindest neue Lügen um die alten zu rechtfertigen

Glasstein weiß – deine Illusion von Unschuld hindert dich zu leben.

Glasstein gelb – jemand schadet dir und du bedankst dich auch noch

Glasstein lila – du benutzt ein Schema um jemand zu sein

Gold – Wertgefühl

Granat – ein alter Schmerz auf dem du herumreitest. Lass ihn los!

Haifischzahn – Opfer eigener/deiner Gier

Hämatit – Blockade

Herkimer Diamant – Unklarheit klären = Freiheit

Jade – sei dir selbst ein Freund

Kupfer – festgehaltene Energien aus der Kindheit möchten wieder fließen

Karneol – Persönlichkeit

Kiesel – Lebensschwere

Koralle – Angst vor einer Entscheidung

Kunzit – Sanftmut mit ...

Keramikperle – dein perfekt sein wollen verhindert das Staunen

Kandiszucker – Ersatz für Liebe; Sucht statt Finden wollen

Leopardenjaspis – Abenteuer

Lapislazuli – Vertrauen ins Leben

Landschaftsjaspis – um Familie/Wurzeln kümmern

Larimar – hilft echte und gemachte Liebe zu unterscheiden

Moldavit – dein Weg und dein Geist möchten eins werden

Mondstein – Weiblichkeit

Magnesit – nach Neuem ausrichten

Malachit – körperliche Beschwerden sind Botschaften deiner Seele

Magnetit – wem nützt es, wenn du dir dein Leben schwer machst

Maqui – deinen Zustand hast nicht du verursacht

Olivin-Kristall – dein Gedankenfluss ist gestört

Opal grün – habe Mut zum Umdenken

Opal rot – lass die liebevollen Seiten, Qualitäten in dein Leben

Pyrit – verborgene Werte

Perle – Tiefe der Gefühle

Peridot – Hoffnung, wenn man dahinter schaut

Regenbogenmondstein – schaue dir deine geistigen Helfer an

Rubin-Zoisit – Wahres und Unwahres erkennen und trennen

Rubin-Fuchsit – etwas in dir macht sich den Weg frei

Rubin – Lust, Genuss, Freude

Rosenquarz – friedlich den Konflikt lösen

Rhodochrosit – hier geschieht etwas aus Liebe

Rutilquarz – sei nachgiebiger – weniger ist mehr

Sonnenstein – Freude

Smaragd – Heilung, Herzen, Liebe

Sodalith – Gedankenmuster erkennen

Sandrose – etwas Gutes, Wertvolles möchte dir helfen, aber du siehst es nicht

Sternsaphir – eine Wahrheit, die du nicht willst

Schalenblende – willst du dich nicht von einer Maske trennen?

Tigereisen – Durchsetzungskraft, Durchbruch

Tigerauge – Unterstützung von materieller Welt

Turmalin schwarz – momentane Situation beachten

Turmalin grün – Veränderung, Wachstum

Turmalin rosa – Kraft der Liebe, Hingaben, Einlassen

Turmalin rot – dein Herz ist weiser als dein Verstand

Turmalinquarz – Karma ist Ursache

Topas gold – möchte das Schwere in Freude umwandeln

Türkis – Schutz, Einfluss

Zitrin – Begeisterung

Lieber Leser,

du könntest dir davon kleine Steine besorgen, oder dir auch Karten basteln.

Der Zufall gibt dir noch zusätzliche Hinweise über deine Situation.

Auch für den Steinefreund, der sich aus dem Reich der Mineralien eine Unterstützung holen möchte, könnten diese geschriebenen Impulse/Informationen/Botschaften hilfreich zur Beziehung Steine und Mensch sein.

Die Steine brauchen nur deine Aufmerksamkeit um dich zu erreichen. Erst wenn du dich dafür öffnest, können sie dich beschenken!

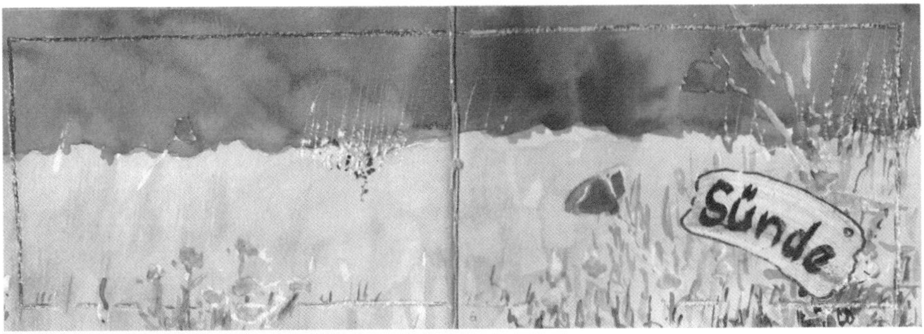


## Sünde

Wer an mich glaubt, ist gefangen in seinem Tun und Sein.

Bei Gott, der Liebe, gibt es keine Sünde, weil das Abweichen der Erfahrung dient und deshalb notwendig ist und nicht sündig.

Glaubst du an die Sünde, kennst du nicht die Großzügigkeit der Liebe.

Die Liebe beinhaltet auch die Weisheit und weiß deshalb, dass alles zum Gesunden zurückkehrt, weil in jedem das Bedürfnis danach angelegt ist.

Glaubst du an die Sünde, trennst du dich von der Liebe/Gott.

Mit der Erfindung der Sünde wurde die Trennung erschaffen. Damit konnte man das Leben in „gut und böse" einteilen. Dabei entstand ein riesiges Machtpotential.

Die 10 Gebote oder die Sakramente waren ein Werkzeug dazu.

Gott würde doch keine Gebote aufsetzen, damit er seinen Kindern auf die Finger klopfen kann oder mit Hölle und Verdammnis drohen, damit sich niemand mehr nach Hause traut.

Nein, das war eine Erfindung der Menschen.

Tu was dir beliebt, die Sünde als Strichliste für deine Vergehen existiert für Gott nicht. Nicht er trennt sich von dir, sondern du wendest dich von ihm ab. Oft aus Angst, weil es dir nicht gelang sündenfrei zu leben.

Sünde schafft Bewertung, in der die Menschen verhaftet sind, weil der Vorstellung Sünde die Vorstellung Sühne folgt.

Die Menschen haben sich angeeignet zu bestrafen. Sie bestrafen ihre Kinder und belohnen ihre Kinder. Sie wissen nicht, dass das die gemeinsten Machtmittel sind. Dabei entsteht für die Kinder der Glaube: „Wenn ich elterngefällig lebe, passiert mir nichts!“. Dieses Verhalten überträgt sich später auf die nächsten Vorgesetzten, Ehepartner, eigenen Kinder usw.

Liebevolle Eltern bestrafen nicht, sie gehen mit gutem Beispiel voran und wenn die Liebe in der Familie verweilt, haben sie auch die notwendige Kraft sich ihren Kindern zu stellen und ihnen in die Augen zu schauen. Daraus wächst Ehrlichkeit und Offenheit auf beiden Seiten. Die Kinder könnten begreifen, dass es nicht nur um ein Leistungsprinzip geht, oder dass man alles richtig macht, sondern um Aufrichtung und Mobilmachen der Lebensfreude, des Mutes und den bereits angelegten Fähigkeiten zu vertrauen und sie zu fördern.

Die Sünde der Sexualität war ein großes Machtspektrum, weil das Bedürfnis danach zur Natur des Menschen gehört.

Die, die die „Sünde“ bestraften und urteilten „sündigten“ am meisten.

Warum?

Weil denen, die bestrafen und beurteilen, die Liebe fehlt und sie deshalb kein Maß und Mitgefühl besitzen und somit sich selbst oft die Freuden am Leben verbieten. (Damit sind nicht die Richter im Amt gemeint, die sich ihrer hohen Verantwortung bewusst sind.)

Da kommt die Frage: „Wenn man für Vergehen nicht bestraft wird, geht es zu wie bei Sodom und Gomorra". Dann frage ich: „Was war denn Sodom und Gomorra anders als zum Beispiel hinter und vor den Kirchenmauern?" Die Erfahrung hat doch gezeigt, dass sich die Abweichung, das Ausprobieren durch kein Gesetz abhalten lässt, weil es zum Erfahrungsweg des Menschen gehört.

Die Bestrafung hat auch zur Folge, dass der bereuende Übeltäter dem Trugschluss unterliegt: „Wenn ich meine Strafe bekommen, dann bin ich wieder gut".

Das Bedürfnis nach Vergebung durch Bestrafung hat neues Leid und neue Untat zur Folge. Womit der Kreislauf „Sünde" kein Ende nimmt.

Wenn du bedenkst, dass es Sünde nur in den Augen kleinkarierter Menschen gibt und du dich, um nicht sündig zu werden, aus dem Leben und deiner Lebendigkeit hältst, kannst du nicht die kleinkarierten Moralapostel dafür verantwortlich machen, wenn du träge und krank wirst, denn dann bist du wohl selber einer und glaubst nicht an die

**Großzügigkeit der Liebe!**

## Ursache und Wirkung

Es ist nicht egal, wie du lebst.
Lebe so, dass deine Seele sich freuen kann!

<u>Menschen, die nie etwas gegeben sondern nur genommen haben:</u>
Sie sind immer im Minus, das heißt in einem Mangelzustand. Sie sind süchtig nach anderen Menschen, weil sie nicht gelernt haben, selbst Kraft/Energie herzustellen. In ihrer Aura entstehen viele Saugrüssel, die andere anzapfen.

<u>Menschen, die andere in Wut und Verzweiflung gebracht haben, damit sie eine Untat begehen und ihre Selbstachtung verlieren:</u>
Sie umgibt der gleiche Leidenssumpf wie ihre Opfer. Dieser Leidenssumpf ist ein großer Energieräuber.
Solche Menschen werden viel stöhnen und schwere Schritte haben, solange bis sie den Mut aufbringen, ihrem vergangenen Tun (oft auch aus früheren Leben) in die Augen zu schauen und den Opfern ihre Würde zurückgeben.

<u>Menschen, die die Not anderer ausgenutzt haben:</u>
Sie werden das Jenseits ehrlos betreten. Das letzte Hemd hat keine Taschen, nur einen Zustand.

Frauen, die ihre Liebe verkauft haben:

Sie spüren ständig ihr leeres Herz. Dabei entsteht ein immerwährender Hunger und das Bedürfnis etwas oder jemanden zu brauchen.

Männer, die sich Liebe kaufen:

Sie haben der Frau die Würde abgekauft, die durch diesen Handel auf sie übergegangen ist. Der Frau fehlt sie und für ihn ist es eine Last auf der eigenen Würde.

Menschen, die bewusst Gottgesetze erfunden haben, um Macht ausüben zu können:

Großer Abstand zum Licht. Ihre eigenen Gesetze liegen wie Mühlsteine auf ihrem Weg. Nur über Bekennen und Ehrlichkeit finden sie zurück und lösen ihre Mühlsteine wieder auf.

Die Liebe wartet darauf, ihnen dabei helfen zu können.

Menschen, die das Leid benutzt haben, um sich von anderen durchs Leben tragen zu lassen:

Sie verharren auch weiterhin im Leid, weil sie sich nichts anderes erarbeitet haben. Erst wenn sie sich für ihre erschwindelte Zuneigung und Unterstützung bedankt haben, sind sie frei für eine neue Chance.

Menschen, die sich über die Schlechtigkeit anderer aufwerten:

Sie stehen am Ende elender da, als die Elenden. Denn das war ihre Nahrung.

Menschen, die bewusst Positives verhindern um an Negativem zu verdienen:

Sie sind am Ende enttäuscht über sich selbst, ihre genialen Talente nicht für das Wohl eingesetzt zu haben. Sie werden selbst von

Wachstum und Freude Abstand nehmen, bis sie sich selbst vergeben können.

<u>Menschen, die Märtyrer sein wollten um sich ein Denkmal zu setzen oder ein Himmelsplätzchen zu sichern:</u>
Sie stehen in Wartehaltung und erwarten eine Belohnung bis sie begreifen, dass man mit Gott nicht handeln kann. Was man aus Berechnung tut, hat nichts mit Liebe zu tun.

<u>Radfahrer, Schleimer, Trittbrettfahrer:</u>
Sie haben nichts eigenes, worauf sie stolz sein können. Zudem muss auch noch die Mitfahrgebühr entlohnt werden.

<u>Ehefrauen, Mütter, Heilberufe die sich „Aufopfern":</u>
Sie werden enttäuscht sein, da sie Belohnung erwarten. Sie haben da Leid und die Sorgen gebraucht und gepflegt, weil sie sich durch ihre Opferbereitschaft einen Gegenwert erhofften.

<u>Menschen, für die das Leben ein verantwortungsloses Spiel war und für nichts und niemanden geradestanden:</u>
Dieses Chaos, das sie hinterlassen, ist in ihrer Seele gespeichert. Sie sind verwirrt und unklar, weil sie nicht sehen wollen, was sie hinterlassen. Erst wenn sie beginnen zu ordnen, wird sich ihr Zustand und ihr Leben ändern.

<u>Menschen, die ihr Leben lang einem Erfolg oder dem Ziel der Beste zu sein hinterhergelaufen sind:</u>
Sie haben das Wesentliche überholt. Vielleicht haben sie ihr Ziel erreicht, aber die Erfüllung stellt sich nicht ein.
Wer auf die Frage „hast du geliebt?" antwortet mit „dazu hatte ich keine Zeit", der ist am Wesentlichen vorbeigelaufen.

Menschen, die eine hohe Position eingenommen haben um andere auf die falsche Fährte zu führen (Politik, Religion, Medien):
Sie sind die Führer der Irrwege, also mit der ganzen Anhängerschar im Abseits gefangen. Solange bis sich einer seine Dummheit eingesteht.

Menschen, die sich dumm und hilflos stellen um verantwortungslos bleiben zu können:
Sie bleiben dumm und hilflos, weil sie ihre Stärken nicht kennenlernen wollen.

Menschen, die für Geld ihre eigene Großmutter verkauft haben:
Ihnen bleiben ein leeres Gefühl und ein schweres Gemüt.

Menschen, die Talente benutzten um andere auszunehmen:
Sie fühlen sich freudlos und unfrei, weil ihre eigenen Talente vom Missbrauch blockiert sind.

Menschen, die alles gaben und für keine Talente einen Gegenwert nahmen:
Sie sind leer und unfrei. Die Nutzer der Talente konnten keinen Ausgleich schaffen. Die Waagschale hängt auf eine Seite. Wenn sie beginnen Ausgleich zu schaffen, wird sich ihr Wohlbefinden wieder einstellen.

Menschen, die sich immer in das Leben anderer eingemischt haben (die lieber im Garten anderer arbeiten als im eigenen):
Sie fühlen das eigene Leben nicht, weil es verkümmert ist. Das ist ein stumpfer Zustand. Solche Menschen täten gut daran, sich bei denen, in dessen Garten sie gefuhrwerkt haben, zu entschuldigen. Es ist mitunter ein Ergebnis davon, wenn jahrhundertelang verboten wurde frei, stolz, selbstdenkend und stark zu sein.

Menschen, die ihre Talente gegen einen Gegenwert tauschten und für einen Ausgleich sorgten:
Sie sind frei, fühlen sich wertvoll und im Fluss.

Menschen, die alle Sozialunterstützungen ausgenutzt haben, sich durchschnorrten und sich dabei auch noch schlau und überlegen vorkamen:
Am Ende fühlen sie sich in großer Schuld denen gegenüber, die die Kasse gefüllt haben. Das bedeutet, dass sie um das innere Gleichgewicht wieder zu bekommen, das Bedürfnis haben, die Kassen im nächsten Leben zu füllen.

Oder sie betreiben es noch schlimmer und lassen sich als Behinderter durch das Leben schieben. Was zur Folge hat, dass der Weg zurück noch mühsamer wird (dazu möchte ich deutlich sagen, dass es viele Hintergründe gibt, wenn ein Mensch behindert ist).

Menschen, die andere verleumden und intrigieren, um sich selbst ins bessere Licht zu rücken:
Letztendlich ist eine Lüge eine Lüge und die Wahrheit ist die Wahrheit. Der Verleumder ist eingesponnen in seine eigenen Intrigen. So lange er sich nicht entschuldigt, kann er so vor dem Licht nicht stehen.

Er würde dieses helle Licht, diese Kraft nicht verkraften, weil ihn die Fesseln seiner Intrigen schwächen.

Menschen, die am Sonntag beten und beichten und am Montag die Mitmenschen betrügen:
Dieses Beten und Beichten ist so viel wert, wie ein falsches Alibi.

Spenden und Opfergaben, die zwecks eigener Ablasssorge gegeben werden sind wertlos.

Ich bin gefragt worden, warum ich nur die Situationen von Menschen mit Fehlverhalten beschrieben habe, ob ich denn mit den leichten, freien Menschen keine Verbindung hätte?

Meine Antwort:
Es geht mir in meinen Büchern darum, dass der Mensch aus seinem Zustand herausfindet, dass er sich beim Lesen irgendwo erkennen und Hoffnung schöpfen kann. Dass er auch Antworten für seinen Zustand findet und erkennt, egal was er hinter sich hat, dass er durch ein Ändern seiner Absicht, Einstellung oder seines Verhaltens, sein schwieriges Leben in ein freudigeres Dasein wandeln könnte.

Gottes Haus hat viele Türen, es gibt noch viele kennenzulernen. Auch die Räume, in denen es liebloses und unwürdiges Tun gibt, sind Gottes Räume. Sie sind wertvoll, damit der Mensch erkennt, dass alles lieblose faule Früchte trägt. Wer das verstanden hat, kann andere Räume betreten, in denen andere Erfahrungen möglich sind.

**Der Mensch ist sein eigener Richter oder sein eigener Blender!**

## Verantwortung

Ich, die Verantwortung, bin ein Sammelbecken deiner Handlungen. Ich bin so etwas wie Kontoführung, etwas wo zu sehen und zu spüren ist wer du bist.

Wer ohne mich lebt, der muss lügen, sich verkaufen, sich verraten, eben anderen die Verantwortung aufbürden. Das bedeutet, dass der Inhalt deines Sammelbeckens in fremden Becken liegt.

Damit beginnt eine Verstrickung, die über viele Leben dauert. Man nennt es auch karmische Verbindung.

Durch die unheilen Verantwortungsverlagerungen entstehen viele Verbindungen in Partnerschaften, bei Kindern, Kollegen und Mitmenschen, die durch das Unerlöste in dein Umfeld gezogen, gerufen werden, damit der Ausgleich geschaffen werden kann.

Ich, die Verantwortung bin so lange nicht dein Freund, solange du mich als Feind siehst. Ich laufe hinter dir her, bis in alle Ewigkeit, weil ich das Geschenk des Lehrmeisters, der Reife, der Erkenntnis, der Erleuchtung und des Heils in mir trage. Auch habe ich die Liebe auf meiner Seite, denn die brauchst du, damit du dir vergeben kannst, wovor du davonläufst.

Bestrafung für ungute Taten ist ein Programm für Menschen, denen die Liebe unbekannt ist.

Schuldgefühle hat man, wenn man nicht in der Verantwortung ist.

Wäre man in der Verantwortung, würde man sofort richtig stellen wollen was Unrecht war und der Mangel wäre ausgeglichen.

Was viele Menschen nicht wissen ist, dass man auch Schuldgefühle sich selbst gegenüber verspüren kann. Dies wird aber meist anders ausgelegt und man versucht die Schuldgefühle an anderen auszugleichen. Man überschüttet sie häufig mit übertriebener Fürsorge. Schuld ist ein Minus in der Soll- und Habenführung.

Bist du im Soll, bist du nicht in der Liebe und deshalb wirst du ein nehmender Mensch, obwohl du dich vielleicht aufopferst für irgendetwas oder –jemand.

Der Schritt von der Nicht-Liebe in die Liebe besteht also auch darin, dass du verantwortlich sein willst für deine Absichten, Handlungen und Ergebnisse.

Die Konsequenzen spürst du im Gefühl. Nach einem Mord fühlst du dich anders als vor einem Mord. Und wenn du das nicht fühlen willst, trennst du dich von Verantwortung (Kontoführung), Gefühl und Wahrheit und du wirst zu einem gefühllosen Seelentrampel.

Dein Konto führt sich weiter.

Karma-Arbeit ist Arbeit mit deinem Konto.

Deine Seele weiß um deinen Stand, um deine Wahrheit.

Wenn du beweisen musst ein guter Mensch zu sein und dieses zu einem Zwang wird und dir deine Ruhe nimmt, oder:

Wenn du ständig Schuldgefühle hast,

wenn du nicht Ja sagen kannst,

wenn du nicht Nein sagen kannst,

wenn du krank bist

wenn du lebensmüde bist.

Wenn du viel unglücklich bist, könntest du die Ursache in deiner Kontoführung finden.

Die Verantwortung wäre dann kein Feind mehr, sondern ein Freund, der dir hilft zu dir zu stehen und Unfrieden in Frieden zu wandeln.

**In der Verantwortung liegt die wirkliche Existenz!**

**Die Liebe hebt jegliche Schuld und Kontoführung auf.**

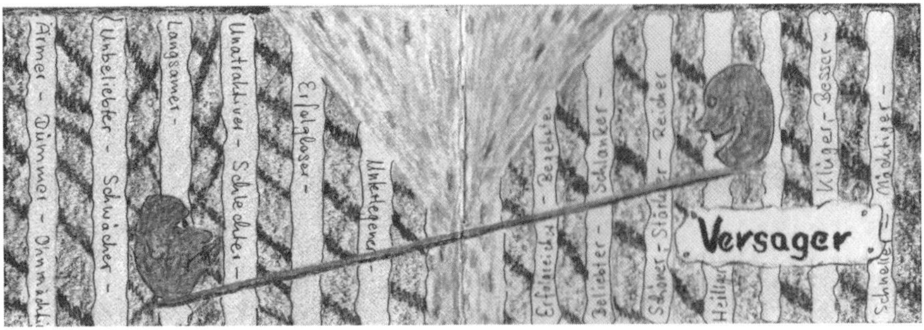


## Versager

Ich, der Versager, bin ein Teil von dir.

Zu meiner Familie gehören auch der Unterlegene, der Kleine, der Verzweifelte, der Chancenlose, der Verlierer und der Ohnmächtige in dir.

Meine Gegenpole sind der Könner, der Große, der Überlegene, der Sieger und der Chef in dir.

Du stehst immer zwischen den Polen. Je nach deiner Meinung über dich oder über das Leben, schaust du zum Minus- oder zum Pluspol. Jedoch ist keiner von beiden ein guter Berater.

Der Plus-Pol hat sehr hohe Ziele und Ansprüche für dich, die automatisch den Versager in dir gestalten. Diese beiden Pole bilden eine Wand, einen Kampf, ein Hin- und Her das dich vom Leben trennt.

Vom Leben getrennt heißt auch immer von der Liebe getrennt.

Diesen Kampf hättest du also nicht, wenn es dir nicht um besser sein, sich nicht blamieren, überlegen sein, heiliger sein, opferbereiter sein, alles richtig machen, gut dastehen usw. ginge!

Immer wenn du einen Pol im Visier hast, gestaltet sich auch der gegenüberliegende. Das sind auch die Pole des Manisch-Depressiv-Erkrankten, himmelhoch jauchzend – zu Tode betrübt. Er springt und fällt zwischen den Polen hin und her und findet den Ausgang nicht.

Der Schlüssel zur Ausgangstüre hat damit zu tun, warum du wirklich im Leben unterwegs bist.

Die Mitte von beiden Polen ist das Herz.

Wenn du deine Bestimmung (Herz) lebst, wirst du von deinem Konkurrenz-/Wertedenken Abstand nehmen. Und wenn du von deinem Konkurrenz-/Wertedenken Abstand nimmst, findest du deine Bestimmung.

Ein Mensch der seine Bestimmung, seine Begabung lebt, wird unabhängig von diesen Polen und somit auch von Kritik und Lob im Außen. Also umgekehrt, wenn du aufhörst nach Lob zu heischen und dich von Kritik nicht mehr zu Boden werfen lässt, findest du deine Bestimmung.

Ein Mensch der nicht verantwortlich für sein Tun und Entscheiden sein will, benutzt die beiden Pole, um sich aufzublasen oder sich zu erniedrigen. Aber er kommt dabei nicht wirklich auf einen grünen Zweig.

Ein Mensch der an ein Belohnungs- und Bestrafungssystem glaubt, hat viel mit diesen beiden Polen zu kämpfen. Die Angst nicht fehlzutreten macht ihn streng, perfektionistisch, moralisch. Das hat zur Folge, dass das Gefühl chancenlos wird und dein Denken dich beherrscht. Du wirst ein wandelndes Gesetzbuch und glaubst sicher vor Fehltritten zu sein. So ein Mensch kann keine großen Sprünge machen, denn das Wenn und das Aber stehen ihm immer im Weg.

Die Bestimmung des Menschen kann doch nicht sein, keine Fehltritte zu machen, sondern auch mal etwas zu riskieren, mehr zu vertrauen, um sich zu erfahren und kennenzulernen. So ein Mensch braucht keine Liebe, er hält sich an ein Gesetzbuch.

Alles was du dir erlaubst zu sein, steht dir nicht mehr im Wege.

Erlaube dir auch ein Versager zu sein, dann stellt sich auch der Könner ein, und die Pole heben sich auf.

Erlaube dir auch ein Könner zu sein, der Versager verliert an Macht und die Pole heben sich auf.

Du wirst dich wundern, wie sich plötzlich dein Weg wieder zeigt!

## Vertrauen

Ich, das Vertrauen, bin die Zentrale allem was dir begegnet.

Ich bin ein Tablett auf dem ein Zettel liegt, wem oder was du vertraust.

Wenige Menschen haben das Wissen darüber, dass alles davon abhängt, wem oder was du vertraust.

Die Menschen sind durch viele Kriege, Nöte, Ungerechtigkeiten, Machtspiele usw. gegangen. Dies hat sich natürlich eingeprägt. Aber was sie immer glauben möchten ist, dass die anderen das verursacht haben. Aber wahr ist, dass der Zettel auf deinem Tablett die Ursache dessen ist, was dir begegnet.

- Glaubst du, dass du der einzige gute Mensch auf der Welt bist, bestellst du Unmenschen, damit dein Glaube wahr wird und somit forderst du die Schattenseite des anderen heraus. Also ist Krieg und Unfrieden deine Bestellung, damit du der „Gute, der Wehrlose“ sein kannst.
- Du kannst auch ein deutlicher demonstrativer Naturschützer sein. Aber wenn du ehrlich mit dir bist, dann musst du

zugeben, dass der Dreck der anderen dir das Gefühl gibt, etwas Besseres zu sein.

- Wenn du glaubst, also der Zettel auf dem Tablett ist mit dem Satz beschrieben: Die Helfer sind moralisch bessere Menschen als die Täter, dann brauchst du die Täter, sonst gäbe es keine Opfer und du könntest kein Helfer sein. Also wirst du als „Helfer" immer „Opfer" um dich haben, damit deine Vorstellung von „Gut und Böse" bedient wird.
- Glaubst du, dass die Ehrlichen in dieser Welt keine Chance haben, wirst du wenig Mut zur Ehrlichkeit haben und dich vor lauter vorgestellter Chancenlosigkeit, chancenlos machen und somit wird wahr, was du befürchtest. Deine Bestellung ist demnach: unehrliche, rücksichtslose Mitmenschen, denn darauf vertraust du.
- Wenn du dich vor Not, Leid und Krankheit schützen willst, steht auf deinem Bestellschein: Ich vertraue der Krankheit mehr als der Gesundheit. Ich vertraue dem Misserfolg mehr als dem Erfolg. Ich vertraue der Ungerechtigkeit mehr als der Gerechtigkeit.

Lieber Leser, das wovor du dich hüten willst, lädst du ein, sonst bräuchtest du dich ja nicht hüten. Hüten tut man Tiere die man im Zaum halten will. Hüten tust du deine PS, deine Freude, deine Freiheit, deinen Mut, deine Talente vor dem Feind, dem du täglich die Vorfahrt gibst.

- Glaubst du, dass Geld nur durch unehrliche Geschäfte zu verdienen ist, oder durch mühevolle Kleinarbeit und du für beides keine Ambitionen hast, wirst du macht-, kraft- und motivationslos.

Wenn du aber vertrauen könntest, dass es Kindern Gottes überlassen bleibt wie sie ihr Leben bestellen, dann wäre es doch auch möglich, dass du darauf vertrauen könntest, dass es so etwas wie Glück gibt! Wofür du nur deiner Lebensfreude, deiner Begeisterung folgen könntest und das Nötige dazu kommt.

**Wenn man Unglück, Elend und Not bestellen kann, könnte man doch auch Glück nach eigener Wahl bestellen.**

## Vorsorgen und Sicherheiten

Finanziell vorsorgen und sichern:

Verschließt den Geldfluss und fordert deine Energie, dein Denken in die Angst, in den Mangel zu investieren. Diese Angst verhindert das Ganze zu sehen, zu sehen, dass alles da ist auch wenn es für das Auge nicht sichtbar ist.

Lernen und Ausbildung
um den äußeren Anforderungen gewachsen zu sein, setzt voraus, dass du das Leben als Leistungswettkampf siehst. Wenn deine Lernmotivation Sicherheit ist, ist sie in Wirklichkeit Angst. Wenn deine Lernmotivation Freude und Interesse ist, bist du in deinem Element und die Freude, das Interesse wachsen mit.

Die „richtigen Freunde" sichern
Wenn du „Freundschaft" pflegst, damit dir der „Freund" Beziehungen bringt oder der „Freund" dir ein Problem abnimmt, bist du kein Freund, sondern ein Benutzer. Enttäuschung ist vorprogrammiert, weil du als Pfleger des „Freundes" in Wirklichkeit ein „Bettler" bist und so eine Beziehung ist unehrlich und berechnend.

Sich gegen Unglück sichern

bedeutet, den Glauben an das Unglück aufrechthalten und pflegen. Der Gedanke an Unglück trennt dich von Mut, Vertrauen, Handeln, Freude, Aktivität usw..

Gottes Gunst sichern

Gott pflegen, damit er dir wohlgesonnen ist, bedeutet ihm ständig zu beweisen, dass er nicht liebt und dir die Freiheit nimmt. Dass ihm ständig danach gelüstet, dir auf die Finger zu hauen und dich in tiefe Abgründe zu stoßen.

Das ist jedoch deine Vorstellung von Gott und bedeutet in Wirklichkeit, dass du keine Ahnung von der Großartigkeit der Liebe hast.

Hoffentlich spielst du dich bei deinen Kindern und Mitmenschen nicht auch wie ein strafender, intoleranter Gott auf.

Oder du kannst auch deinen Vorgesetzten zu deinem strafenden Gott küren, damit dein Weltbild stimmt.

Gott ist Liebe und Liebe kann nichts anderes als lieben!

Gesundheitsvorsorge

Gesundheit ist das Ergebnis innerer Balance und somit ist jeder Angstgedanke um die Gesundheit der Weg in die Krankheit.

Vorsorgen für später

Du hast eine Begabung, etwas spezielles, das in dir endlos viel Kraft und Vitalität freisetzt.

Wenn du glaubst, dass du später kein Geld für ein neues Auto hast, glaubst du nicht an dich und an das Leben.

Du bist der Bestellblock für das was dir begegnet. Und wenn darauf zu lesen ist „ich habe später kein Geld", wird es sich so einstellen.

Setzt du deine Aufmerksamkeit, deine Energie auf dein Interesse, dann bist du deiner Begabung auf der Spur.

<u>Kindern die Zukunft sichern</u>

In jedem Menschen ist die Anlage für Glück, auch in deinen Kindern. Sein Glück zu finden ist unabhängig davon, ob man reiche Eltern hat oder nicht. Es gab viele Kinder, die ihr Erbe in den Sand setzten und viele Kinder, die ohne Elternunterstützung berühmt wurden.

Lebe, liebe und zeige deinen Kindern, dass das Leben viele Geschenke bereithält. Lehre sie in Achtsamkeit und sie werden die Geschenke erkennen. Nicht selten sind auch die Kinder die Lehrer.

<u>Alter – und Pflegenotstand sichern</u>

Der Sinn des Lebens ist sich zu entfalten und zu erfahren. Rente und Pflegenotstand ist geschaffen in einer Welt voller Angst, Krankheit, Lieblosigkeit und Leistungsdenken.

Liebe erhält dich gesund und aktiv.

Liebe gestaltet in deinem Leben einen bleibenden Wert.

Liebe macht dich zu einem wertvollen Menschen, auch im Alter.

Wenn du dich auf deine Rente verlässt, kannst du verlassen sein. Wenn du dich auf deine Begabung verlässt, kannst du aktiv sein, bis du gehen willst.

<u>Deinen Besitz vor Einbrechern/Dieben sichern</u>

Dein Haus, dein Besitz umgibt eine Aura, die durch dich gestaltet ist. In dieser Aura sind Informationen, die ein anderer auffängt.

Mit der Installation einer Alarmanlage installierst du auch die Energie Angst, Besitz, Einbrecher mit ein. Das Unbewusste eines Verbrechers fängt diese Informationen auf. Er hat sozusagen einen Riecher dafür.

Wer das Bedürfnis hat, seinen Besitz über die Maßen zu schützen, sollte sich fragen, ob seine äußeren Werte größer sind, als seine Inneren. Je reicher ein Mensch innen ist, umso weniger Angst hat er, dass ihm etwas genommen werden könnte.

Rechtsschutz

Du bist immer die Einladung für das was dir begegnet.

Konflikte sind mit einer Auflösung karmischer Verstrickungen effektiver zu lösen als mit einer Rechtsschutzversicherung.

- Eigene Wachheit, statt blindes Vertrauen, schützt vor Betrügereien
- Eigene Ehrlichkeit umgibt dich mit einer Kraft und signalisiert dir äußere Unehrlichkeit.

Sicherheit vor Schicksalsschlägen und Katastrophen

Da wir hier auf einer Reise sind, quasi einen Ausflug zu einem Planeten machen, auf dem Ursache und Wirkung zum Tragen kommt (damit der Mensch sich seiner Verantwortung bewusst wird), ist nichts zufällig in deinem Leben. Wer vor dem Tod keine Angst hat, hat auch im Leben keine Angst. Es gibt Menschen die in einem Seuchengebiet gesund bleiben.

Es gibt Menschen, die wie ein Wunder, als einzelne verschont bleiben.

Das hat alles mit ihrer eigenen Geschichte zu tun.

Es gibt keine Willkür Gottes und kein Unrecht, außer die Menschen gestalten sich so etwas.

<u>Arbeitsplatz sichern</u>
Bei diesem Thema geht es um Macht und Ohnmacht. Siehst du dich in der Ohnmacht, hat es nur damit zu tun, dass du nicht ausschöpfst was in dir ist, sondern dass du die „sichere Arbeitsstelle“ mit wenig Verantwortung trägst oder wählst.

Oder du trägst so viel Verantwortung, dass dir schon der Rücken schmerzt, dann hat das aber auch mit der Angst, deine Sicherheit zu verlieren, zu tun.

Siehst du dich in der Macht, willst du dir nicht eingestehen, dass du der Abhängigste von allen bist. Hättest du deine Ameisen nicht, würdest du selbst nicht der sein, der du zu sein glaubst. Meckere nicht im Stillen, wo dich keiner hört. Es nützt auch nichts, wenn du auf den Tisch haust und dich dabei keiner hört. Oder wenn du dich mit „windigen Kollegen“ in den Frust redest.

Stelle dich hin und nenne offen Missstände und deine Verbesserungsvorschläge. Wenn sie nicht gehört werden, bist du reif für einen besseren Arbeitsplatz.

<u>Schutz vor emotionaler Enttäuschung</u>

- nicht zeigen, was man denkt
- nicht sagen, was man möchte
- keine Schwäche zulassen
- sich nicht einlassen
- so tun, als ob...

- mehrere Eisen im Feuer haben
- keine Entscheidung treffen
- u.v.m..

Willst du dein Leben absichern, kann das zu deiner Lebensaufgabe (aufgeben) werden.

Manche schaffen es, vor dem Leben sicher zu sein.

Aber nicht vor Krankheit, Unglücklich sein, Enttäuschung, Frust, weil das einfach so ist, wenn man durch Absicherung das Leben abmurkst.

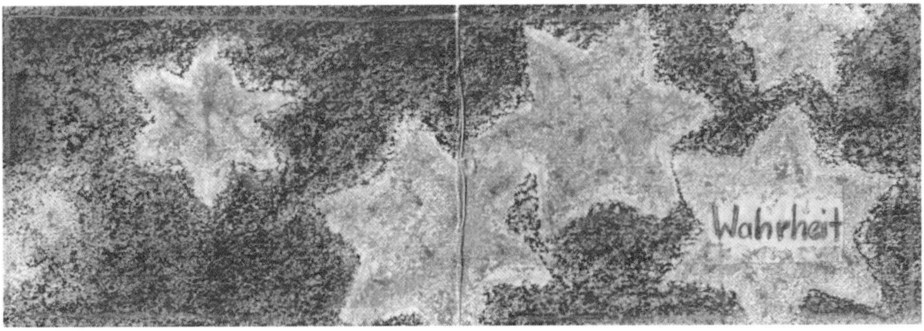


## Wahrheit

Ich, die Wahrheit, will dir von mir erzählen.

Ich bin das Leben, das echte, die Liebe.

Alles was ohne mich entschieden und gedacht ist, existiert nicht.

Ohne mich kommt kein Fundament zustande.

Der Mensch glaubt, mich sieht man nicht, also kann ihm niemand beweisen, dass er es nicht so meint. Dass er von Liebe nur redet oder Freude darstellt wo keine ist, Hauptsache die anderen glauben es. Dieser Selbstbetrug ist natürlich möglich. Und viele Mitmenschen werden ihm das auch glauben, aber er gibt seine Schaffenskraft, seine Energie in Nichts, also ist die Folge davon, dass er im Alter unzufrieden, kraftlos, verwirrt und unselbständig sein wird.

Wer Sicherheit statt Liebe, Sicherheit statt Freude, Scheinheil statt Heil wählt, wird sich innerlich verkleinern.

Sicherheit beschränkt dich! Liebe und Freude lassen dich wachsen.

Im Sicherheitsverhältnis machst du wenige Erfahrungen und lernst deinen Großmut nicht kennen.

Es gibt die absolute Wahrheit und dann gibt es deine Wahrheit.

Die absolute Wahrheit ist, dass das Leben ein Geschenk ist und du es nach deiner Vorstellung formen und gestalten kannst. Und nachdem das Leben so verwandelbar ist, und der Mensch Ziele anstreben kann, die außerhalb der Liebe liegen, wie z. B. der Größte oder der Bescheidenste zu sein, muss er aus der Wahrheit treten und sich seine Wahrheit gestalten und pflegen.

Ich, die absolute Wahrheit bin nicht wandelbar und der existentielle Teil des Lebens.

Die absolute Wahrheit hat damit zu tun, dass wir alle miteinander verbunden sind. Jeder Einzelne ist auf einer Reise um sich zu erfahren; was du dem anderen antust, gestaltet sich an dir; wenn du deinen Mitmenschen etwas Unfaires antust, bringst du dich aus der Zentrale, aus der Liebe.

Wenn es dir darum geht, dass du einen besonderen Platz im Jenseits bekommst, indem du dich im Diesseits aufopferst und anderer Leute Leben pflegst, hast du dich verrechnet.

Denn die absolute Wahrheit ist, dass du bereits geliebt bist, du musst dir keine Liebe verdienen und anderer Leute Leben dafür benutzen. Die absolute Wahrheit ist, dass jeder Mensch die optimalen Voraussetzungen für ein erfülltes Leben hat. Das gelingt aber nur, wenn er zu sich steht und sich nicht durch seine geschaffene Wahrheit aus der Mitte/Liebe befördert.

Die Wahrheitsfanatiker können mit einer hohen Wahrscheinlichkeit davon ausgehen, dass sie ihre Wahrheit verteidigen. Denn die absolute Wahrheit braucht keine Verteidigung und keinen Schutz.

Den Gedanken nicht Recht zu haben können Fanatiker sehr schwer ertragen und das kann sogar so weit gehen, dass sie sich dafür gegenseitig ermorden.

Damit haben sie scheinbar den Feind besiegt. Aber der Feind ist oft nur ein Spiegelbild. Die Angst, dass die eigene Wahrheit nicht wahr sein könnte ist so groß, dass man den Andersdenkenden als Gegner sieht und ihn zum Schweigen bringen muss.

Wer so einen Fanatismus lebt, ob in Religion, Politik, Ernährung, Kindererziehung, Naturschutz usw., hat wenig Ahnung von der absoluten Wahrheit. Sonst würde er begreifen, dass Fanatismus mehr zerstört als dem Leben wirklich dienlich ist.

Wie kann man unterscheiden ob es sich um absolute oder gestaltete Wahrheit handelt?

Die absolute Wahrheit

- Gestaltet keine Hindernisse, sondern lässt sie als Illusionen erkennen.
- Schafft Gesundheit und löst die Krankheit auf
- Ist stärker als jede Unwahrheit
- Gibt Kraft
- Schafft Frieden
- Schafft Freiheit
- Ist immer da und man wird zu dir zurückkehren, weil alles andere Nichts ist und bleibt, und oft sehr weh tut!

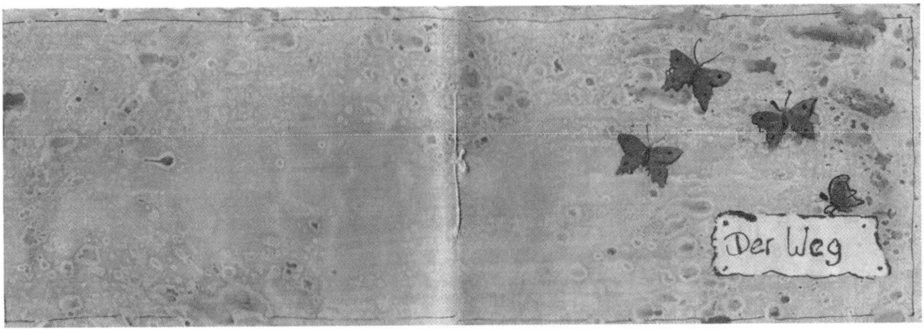


## Der Weg

Ich, dein Weg, bin der magische Spiegel deiner Lebensart.

Ob er steinig, schwammig, schlammig, trocken, einsam, heiß oder kalt ist bestimmst du selbst durch deine Vorstellung.

- Der Weg liebloser Menschen fühlt sich anders an, als der Weg eines liebevollen
- Ein ängstlicher Mensch hat einen anders bestückten Weg, als ein Draufgänger
- Ein feiger Mensch hat einen anderen Auftritt als ein beherzter
- Ein kritischer Mensch entdeckt andere Dinge als ein toleranter
- Ein Märtyrer interessiert sich mehr für andere als ein Lebemensch
- Ein fauler Mensch sieht weniger Chancen als ein fleißiger
- Ein Pessimist versaut sich seinen Weg, sein Leben mit miesepetrigen Bemerkungen. Dagegen fängt sich ein Optimist viel Schönes ein.

Jeder hat schon einen viel längeren Weg hinter sich, als ihm bewusst ist. Die früheren Leben sind Mitgestalter des heutigen Lebens, Zustandes und Vermögens. Die Gegenwart ist der Gestalter der Zukunft.

Den Weg gestaltet sich auf jeden Fall durch dich, ob bewusst, oder unbewusst.

Wer seine Art und Weise nicht selbst bestimmt, lässt einen anderen über sich bestimmen. Der Weg wird voller Abhängigkeiten, Ärger, Quälereien und Verlassen werden bestückt sein.

Resignation hilft da nicht weiter. Um seinen Weg anders beschreiten zu können, wäre die Änderung seiner Lebensart eine wirksame Hilfe.

Die Lasten und Fehler der früheren Leben wollen erkannt werden, weil ein Fehler das Geschenk der Erkenntnis beinhaltet.

Der Mensch der noch die Vorstellung von Belohnung und Bestrafung pflegt, nimmt seine Werte und Rechte zurück und verbringt mit diesem Irrtum ein machtloses Leben.

Wenn aber ein Mensch sich seinen Wert und seine Rechte abspricht, wird er einen Weg vor sich haben, wo er gemobbt wird, andere schnappen ihm alles vor der Nase weg, er erreicht nie sein Ziel, hadert mit der Gerechtigkeit und er kommt nicht auf die Idee, dass die Ursache dieser Ereignisse in ihm selbst liegt.

Oder: Ein unehrlicher, der für Geld und Ruhm Medikamente herstellt, obwohl er um die furchtbaren Nebenwirkungen weiß, der wird ein Herz wie Stein bekommen. Dieses Herz trägt nicht ihn, sondern er hat daran schwer zu tragen. Dieser Mensch hat mehr Gewicht als die Waage anzeigt. Er wird Treppen meiden, oder aber seine Schwere mit Marathon besiegen wollen.

Auch wenn die Schwere im früheren Leben entstanden ist, hat er heute noch schwer daran zu tragen. Bis er sich damit auseinandersetzt, sich selbst zu verzeihen und anzunehmen.

Ab dem Zeitpunkt, wo er beginnt, ehrlich mit sich zu werden löst sich die Schwere und verändert sich zu Lebenskraft.

So kann sein Weg ein leichter werden.

Ein spiritueller Mensch, der seinen Weg geht, der seine Entwicklung begrüßt, geht auch durch tiefe Täler, trockene Wüsten, auf steinigen Wegen, dunkle Zeiten, aber nicht weil er es sich so gestaltet hat, sondern er sucht sie auf um darin zu bestehen, zu reifen und erfahren zu werden.

In diesem Fall handelt es sich um Etappen und nicht lebenslang....

Wenn sich einer am Wegrand hinsetzt und wartet bis ihm jemand etwas vorbeibringt, geht er seinen Weg nicht, lebt sein Leben nicht, mag nichts entscheiden, denn Entschlossenheit macht den Weg frei.

Der hat nur einen kurzen Weg für ein vielleicht trotzdem langes Leben. Der sollte seinen Hintern doch mal auf die Straße des Lebens tragen und sich von Impulsen und seinen Interessen zum Leben verleiten lassen.

Er wird sich wundern, wie selten er versagt und wie viel ihm begegnet.

Wer die Bedürfnisse der anderen über die eigenen stellt, wird sich seinen eigenen Weg mit anderen verstopfen, denn er will sich ja um deren Bedürfnisse kümmern, also werden sich genügend Bedürftig einfinden.

Wer lernt die eigenen Wünsche und Bedürfnisse ernst zu nehmen, dessen Weg wird sich wieder lichten.

Deinen Weg wirst du auf alle Fälle zu Ende gehen, mit dem Ziel, die Liebe zu begreifen.

Ob du den Kopf hängen lässt, zu hoch trägst, oder gerade-raus-schaust, damit bestimmst du deinen Weg.

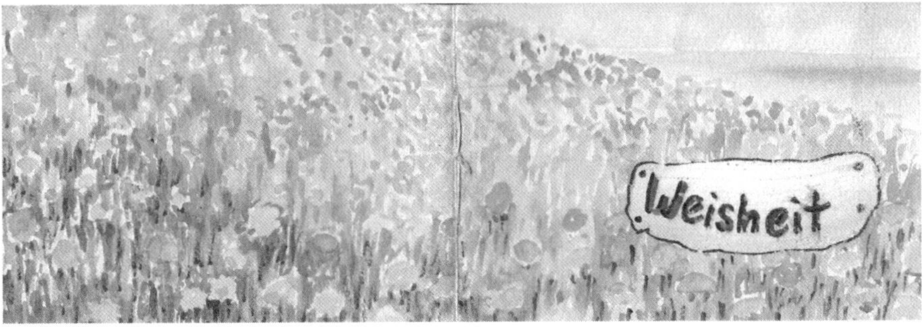


## Weisheit

*Weisheit ist nicht gleich Wissen!*

Weisheit ist im Handeln, Ausüben und Ausdrücken deines Tuns zu erkennen.

Weisheit ist ein Potential im Herzen.

Wissen ist eine Sache, auch ein Potential, womit man etwas konstruieren, begreifen, erniedrigen, erhöhen, besiegen oder manipulieren kann.

Wissen kann ein Machtinstrument sein.

Weisheit will immer das Beste für das Ganze.

Wissen ohne Herzensweisheit, ohne Gefühl ist gefährlich für den Wissenden selbst. Da er durch Herzensweisheit Orientierung für Recht und Unrecht bekäme, ist sie ihm oft hinderlich und er unterdrückt sie, bis sie kein Aufbegehren mehr aufbringen kann und schließlich schweigt. So hat der Mensch – jetzt ein Unmensch – freie Fahrt, weil er in sich die Grenzen besiegt hat, die ihn daran hindern würden, andere zu missachten und zu treten. Wozu er auch Wissen über Psychologie benützen kann.

Die Gefahr, Wissen ohne Weisheit zu leben, besteht also darin, dass es immer dunkler, freudloser, bedürftiger, hungriger und einsamer wird und man sich selbst nicht mehr ertragen kann.

Das was dieser Mensch besiegt hat, sind nicht wirklich seine Mitmenschen, sondern die Weisheit, die Liebe für sich selbst. Zieht die Weisheit/Liebe sich zurück, weil der Mensch sie nicht will, wird es dunkel in ihm und seine Verachtung, seine Gier, sein Machtbedürfnis steigen, weil er nicht wahrhaben will, dass er ohne Liebe/Weisheit ein Bedürftiger ist und deshalb in Wahrheit in die Ohnmacht sich begeben hat.

Wissen mit Machtgehabe füllt nur den äußeren Schein, jemand zu sein.

Wissen mit Weisheit wird von der Seele geführt und du wirst mit Aufrichtigkeit durch die Lebenssituation geleitet und kannst nichts tun, was nicht dem Wohle dient. Weisheit erkennt auch, wenn deine Hilfe die Faulheit anderer fördern würde und würde deshalb deine Hilfe nicht befürworten.

Das Wissen sagt dir, dass dir Unrecht getan wurde.

Deine Weisheit hilft dir und weiß, wie sich wieder Frieden ohne Vergeltung oder Abhängigkeit einstellen kann.

Wer seine innere Stimme, seine innere Weisheit nicht mehr hört, hat sich vor langer Zeit in die Abhängigkeit der Gesellschaft begeben.

Brav sein, gehorsam sein, nicht auffallen, Diener sein oder mächtig sein, Diener haben, bewundert werden, verehrt werden, all das sind Eigenschaften, die keine liebevolle Kreativität erfordern, weil man ja den anderen tun und entscheiden lässt, nämlich den, der mich bedient oder den ich bediene. Die beiden sind bedingt durch ihre Bedürfnisse voneinander abhängig. In dieser Gemeinschaft können sich die Ich-Kräfte nicht ausbilden, also auch nicht Reife und Weisheit.

Wer hier heraus will, muss eine Gewohnheit (für den oder die anderen zu leben) durchbrechen und sich immer wieder fragen: „Möchte ich das oder möchte ich das nicht???“

Viele fühlen nicht mehr was sie wollen. Das haben sie verlernt, verdrängt indem sie ihre Verantwortung abgegeben haben, an einen anderen abgegeben oder sich viel Fremdverantwortung eingehandelt haben.

Für andere leben ist eine Selbsttäuschung. Du lebst immer nur für dich. Du kannst den anderen dazu nutzen oder benutzen. Der Weise jedoch nutzt und achtet was das Leben ihm bietet. Er würde es niemals ausnutzen.

## Lexikon

Wenn zwei das Gleiche tun, ist es noch lange nicht dasselbe.

Nimm dir Zeit und lass die Be-Deutung der Wörter auf dich wirken.

Die Denkart der linken Spalte führt in die Unfreiheit, in die Abhängigkeit.

Die Denkart der rechten Spalte lässt Freiheit zu.

Es kann sehr befreiend sein, wenn man sein Denken überdenkt.

Also, denke und glaube wie es dir beliebt.

**Abhängig**

sind wir alle voneinander, leider.

Wenn jeder seine Bestimmung leben würde, wäre das ein sich nährender Kreislauf in Freude und Freiheit.

**Abkanzeln**

darf der Große den Kleinen.

Ist ein Wort aus der Kirche. Da wird dem Menschen Glauben gemacht, dass er klein und gehorsam zu sein und zu bleiben hat.

**Ablenkungen**

gibt es viele, damit man den Alltag erträgt.

Die Ablenkung ist vielleicht mehr mit deiner Begabung verbunden, als mit dem womit du dein Geld verdienst.

**Achtung**

muss man haben bei Vorgesetzten, Eltern, ...

Achtung habe ich vor allem was lebt und ist.

**Ärger**

entsteht nur, weil die anderen mir quer kommen.

entsteht bei dem, der sich ärgert, weil er nicht bereit ist, seine Kräfte auszupacken, die an der Stelle herausgefordert wären. Vielleicht weiß er es auch bloß nicht.

**Anforderung**

um sich zu beweisen oder auch meiden um nicht zu versagen.

Die kommt niemals von außen. Es sind immer nur die eigenen Vorstellungen, was man zu erreichen oder zu erfüllen hat. Das Leben fordert Ehrlichkeit, Mut und Beherztheit, sonst hat dein Leben kein Leben.

**Angst**

ist in allen Ecken, weil nichts sicher ist.

Doch, sicher sind dir dein Potential, deine Ausstattung, deine Berufung. Damit wirst du gebraucht. Wenn du dich aber in sichere Positionen begibst, bist du abhängig, und vergisst wer du bist.

**Anmut**

ist ein Glanz, den man sich auftragen kann.

Ist eine Würde, ein Ausdruck dessen, wie man das Leben achtet.

**Annehmen**

Da muss man vorsichtig sein, könnte doch eine Bedingung dabei sein.

Annehmen muss ich nicht alles - kann aber.

**Antwort**

holt man sich ein.

Gebe ich mir selbst.

**Appetitlos**

wenn einem alles zu viel wird.

Wenn du nur ja sagst zu dem was du wirklich bist und möchtest, so liegt dir nichts auf dem Magen, das eigene Feuer kann brennen und das fördert den Appetit, da wirst du staunen. Nicht nur Appetit auf Essen.

**Arbeit**

muss sein, wie käme man sonst über die Runden.

Ist sichtbar gemachte Freude.

## Augenhöhe

es gibt obere und untere, auf Augenhöhe selten jemand.

Die Schwingung der Herzen erkennt das Gegenüber, da ist keine Täuschung möglich.

## Ausdauer

Zähne zusammenbeißen, aushalten, durchstehen und aussitzen.

Ausdauer gibt mir der Fluss des Lebens. Deshalb hat sie nichts mit Anstrengung zu tun, sondern ist ein großer Energievorrat.

## Ausgegrenzt

wir jeder, der mich (uns) nicht bestätigt. Er dient nicht unserem Ziel sich nicht zu verändern.

Wenn die, die sich nicht verändern wollen, wüssten, wie sehr sie sich selbst damit vom Leben abgrenzen, würden sie sich nicht dagegen wehren.

## Beherrschen

muss man sich oder auch die Untergebenen.

Wer glaubt, etwas beherrschen zu können, ist nicht fähig das Leben als Geschenk zu empfangen.

**behindert**

macht man sich selbst. Es ist eine Weigerung, sich dem Leben zu stellen. Oft ist auch das Nicht-Einstehen wollen für die Vergangenheit der Grund, aber niemals eine von Gott gewollte Angelegenheit.

**Behördenärger**

das sind Schwierigkeiten mit denen man sich selbst Grenzen setzen kann.

Das sind auch nur Menschen, die ihre Arbeit tun. Wenn du sie als Mensch behandelst, können sie dir auch helfen.

**Belehren**

muss man die Anders-denkenden.

Kannst du ja probieren, im Grunde willst du nur Bestätigung für deinen Irrtum. Sonst bräuchtest du keine Bestätigung.

**Blenden**

ist ein auf die Dauer anstrengendes Täuschungsmanöver, um durch Manipulation an die Beute zu kommen. Meist geht es nur um Ansehen und Geltung, wenn man sich selbst nicht genug ist.

Anstrengend, wenn nicht drin ist, was draufsteht.

**Blockaden**

sind gedachte Schwierigkeiten, um die Sicherheit nicht zu gefährden.

sind Herausforderungen, daran zu wachsen.

**böse**

ist ein Produkt der Braven. Es ist die Kehrseite davon, wer brav sich unterordnet, braucht einen Tyrannen, der bestimmt und das ist nur ein gegenseitiger Dienst.

**brav**

sein kann ich nur, wenn ich mich an die Regeln halte, was man tut und was nicht.

Die Braven geben die Macht ab und wollen durch klein-mädchenhaftes Verhalten geliebt und beschützt werden und vielleicht auch noch belohnt.
Das ist nur eine Art nicht verantwortlich zu sein.

**Chaos**

kann aus zu vielen Baustellen entstehen, oder wenn ich keine eigene Meinung habe, oder ich mir nicht wichtig bin, keine Entscheidung treffe....

Es gibt aber auch gesundes Chaos, das mit Veränderung, Umbruch und Wachsen zu tun hat.

**Dankbarkeit**

man muss sich bedanken oder dankbar sein.

Dankbarkeit ist ein Empfinden, kein Benehmen.

**Darstellung Hoch- und tiefstapeln**

Man muss schon etwas darstellen, wenn man oben sein will. Wenn man unten bleiben will wird es eine Darstellung, Theater vom Opfer sein.

In Wirklichkeit bin ich die Darstellung meines inneren Vermögens, aber wenn man das nicht kennt, beginnt eine künstliche Darstellung.

**Denken**

dient der Sicherheit und der Versorgung.

dient der Erforschung um mehr zu erfahren.

**Du**

du machst mich glücklich. Du machst mir das Leben schwer.

du bist nicht für mein Glück verantwortlich.

**Dummheit**

betrachtet jeder als etwas anderes. Der Penner denkt, der Arbeitende ist dumm. Die, die sich einen Millionär geangelt haben, denken die Putzfrau ist dumm. Wer ist nun wirklich dumm?

Dummheit ist ein Schimpfwort und meist von dem Dummen selbst ausgesprochen.
Unbewusstheit, Blenden, Kriegen macht dumm. Sie verdrängen die Weisheit des Herzens.

**Durchbruch**

habe ich einen, wenn ich meine Gegner übertrumpft habe.

kann nur durch die Überwindung meiner eigenen Angst geschehen.

**Durchgefallen**

ist das Zeichen von Unfähigkeit und Versagen.

Könnte aber auch sein, dass du vor irgendetwas Angst hast, oder etwas gelernt hast, was gar nicht mit deinem Wesen übereinstimmt.

**Ehe**

Du bist verpflichtet, ich bin verpflichtet, wir sind verpflichtet, sie dient unserer Versorgung.

Alles ist freiwillig und dient unserem Glück.

**Ehre**

hat der, zu dem die anderen aufschauen.

Ehre hat bereits in sich, wer im Herzen bleibt. Wer es nötig hat Ehre zu erhaschen, hat sie bereits verloren. Nur die künstliche Ehre ist bedürftig und empfindlich. Die echte Ehre strahlt und braucht nicht.

## Ehrlichkeit

ist sich preisgeben, dann bin ich ausgeliefert.

macht den Weg frei.

## Eifersucht

entsteht, wenn ich mich aus Feigheit oder moralischen Gründen beschränke und der andere traut sich.
Eifersucht ist ein deutliches Zeichen von: ich habe einen Mangel, ich bin nicht liebenswert.

So ersetzte Feigheit mit Mut und schon gewinnst du an Ausstrahlung und Vitalität.

## Einfallslos

muss ich sein, sonst würden meine Ideen mich aus meiner gesicherten Not befreien und dann würde ich ins Leben stürzen.

## Eingeschüchtert

wird man von allen Seiten, von oben und von unten.

Was dir unbekannt ist, schüchtert dich erst mal ein, aus sich hinauswachsen ist nicht einfach, wenn man das sichere will. Hol dir keinen Rat ein, hör auf dich, so läufst du weniger Gefahr, eingeschüchtert zu werden.

## Einlassen

Ich gebe nur mein Tun, meine Kraft aber nicht mich persönlich.

Nur wenn ich mich ganz einlasse, bin ich auch Eins und erfüllt mit der Aufgabe, Partner und dem Leben. Halbherzigkeiten tragen magere Früchte.

**Einsam**

abgegrenzt, missverstanden, nicht fähig teilzunehmen.

Wer sich nur durch den anderen definiert und sich selbst nicht wahrnimmt, hat eine Kontaktunfähigkeit, obwohl der Mensch die Freundlichkeit in Person ist. Aber der Kontakt zum Außen ist nur möglich, wenn ich mich selbst fühle und annehme. Wenn du dir nichts Gutes tust, wird es ein anderer auch nicht tun.

**Energie**

ich muss Kraft tanken.

Ich habe Kraft.

**Entmündigen**

tut sich jeder selbst indem er der Wahrheit aus dem Weg geht.

**Entscheidungen**

wenn ich wüsste was für mich dabei herauskommt, könnte ich mich entscheiden.

helfen mein Leben frei zu halten von allem was mich behindert und abhängig macht.

**Entschlossenheit**

macht mich verbindlich und verantwortlich, das ist mir zu unsicher.

ist eine Kraft, die dir hilft, das Ziel zu sehen und nicht die Hindernisse.

**Erfahrung**

nur Gute will man machen, die Schlechte überlässt man den anderen.

Erfahrung dient letztendlich immer der Weisheit. Somit gibt es keine wertlose Erfahrung. Gut und schlecht verlieren an Bedeutung.

**Erfolg**

ist sichtbar, vorzeigbar.

Erfolg ist immer das, was aus deinem Denken und deinen Taten erfolgt. Der Er-Folg ist dir sicher, ob so oder so.

**Erfüllung**

ich bekomme.

Ich bin voller Freude, ich habe.

**Erinnern**

ungern, wenn's ums Eigene geht.

Ist wichtig, sonst ist man gefährdet, die gleichen Fehler zu wiederholen.

**Erlösung**

durch guten Taten und Beten werden wir erlöst.

Erlöst euch endlich von euren Irrtümern.

**Ernte**

ist eine Belohnung, eine Entschädigung für Leistung oder gute Führung.

Ernten darfst du immer. Es wächst ja alles, auch für dich. Ernten heißt auch nehmen. Und ein Auto kann man auch nicht erst am Ziel tanken, sonst fährt es dich doch gar nicht hin. Und du musst dich auch mit Kraft auffüllen, bevor du startest. Die Belohnung nachher erzeugt ein Chaos im System.

**Erwartung**

dass der andere meine Vorstellungen erfüllt, meinen Mangel ausgleicht oder die Bestimmung übernimmt.

sucht immer die Erfüllung beim Anderen. Die Qualitäten, dich ich mir verwehre, kann niemals ein anderer auf Dauer ersetzen. Da ist Abhängigkeit vorprogrammiert.

**Fantasie**

irreale Hirngespinste.

Ist die Schaffenskraft aller Schöpfung.

**Farben**

damit kann man etwas betonen, verstärken, ausdrücken.

Eine Schwingung, die Bewegung bringt.

**Fasten**

dadurch werde ich schwere Gifte und Pfunde los.

ist überflüssig, wenn du im Fluss bist. Durch Fasten kommt man nicht in den Fluss. Nur durch Freude und Vertrauen.

**Feige**

da gibt es viele Arten.

Aber es ist nur ein anderes Wort für unbekannte Begabung. Und wenn ich mich durch Feigheit ausbremsen lasse, bleibt sie unbekannt und kann dir dann auch nicht helfen. Da hilft auch der Zuspruch eines Freundes nichts. Du musst schon dein Steuer selbst in die Hand nehmen und aus eigenen Stücken wollen.

**Feinstofflich**

ich glaube nur das was ich sehen und greifen kann.

Liebe ist feinstofflich. Kann man nach ihr greifen?

**Freiheit**

ist erst möglich, wenn ich ausgesorgt habe.

Freiheit tritt dann ein, wenn du dich von den lebenswidrigen Vorstellungen und Richtlinien befreit hast.

**Freude**

ist möglich, über Dinge oder Ziele die zu haben sind.

Freude ist eine schelmisch gute Laune, mit der man beherzt das Leben anpackt.

**Freundschaft**

wir benutzen unsere Qualitäten. Eine Hand wäscht die andere.

wir nutzen unsere Qualitäten. Einem Freund würde ich keine schmutzige Hand reichen.

**Frieden**

nimmt mir der andere.

Habe ich, wenn ich mich selbst liebe.

**Früchte**

haben meistens die anderen, oft auch die, denen ich gedient habe, mir bleibt wenig.

Durch meine ehrliches Wohlwollen trägt alles Früchte, was ich berühre.

**Frust**

ist eine Volkskrankheit, weil das Leben so schwierig ist.

Frust ist nicht gelebte Lust.

**Fülle**

Wenn ich alles hätte, was sollte ich dann noch anstreben. Wofür sollte ich dann morgens aufstehen?

Fülle ist da und du kannst dich bedienen. Aber nicht um zu haben, sondern um dich zu erfahren an Fähigkeit und Weisheit.

**Geborgenheit**

heißt, ich bin klein du beschützt mich.

Geborgenheit entsteht durch Vertrauen ins Leben. Dann brauchst du keinen Schutz. Er wäre hinderlich.

**Geburt**

ist ein Wurf in die Ungewissheit.

ist ein Tor zu neuen Wachstumsphasen.

**Gedeihen**

Der Neid erträgt nicht das Gedeihen des anderen.

ist gegeben, weil alles was lebt wächst, alles was liebt wächst. Wer Hass in sich schürt wird kleiner.

**Gefangen**

ist man, weil man zu wenig Unterstützung bekommt.

Gefangen bist du in der Vorstellung Unterstützung zu brauchen. In Wahrheit meinst du, jemanden zu brauchen der die Verantwortung trägt. Wer soll sie für dich tragen? Wer soll dich sichern? Lerne deinen Qualitäten zu trauen und sie werden sich vermehren.

**Gefühl**

unzuverlässig, Muss man kontrollieren. (Angst beengt)

trägt mich zu den Stellen, wo es für mich Erweiterung gibt. (Freude weitet)

**Geheimnis**

Man kann ja nicht alles erzählen.

Geheimnisse zu haben ist unnötig und anstrengend.

**Gehetzt**

bist du wenn du auf deine Ängste und Sorgen hörst.

Die innere Ruhe, die dir das Vertrauen gibt, macht, dass du dich nicht hetzen lässt.

## Geistig blind

sind wir Menschen, deshalb brauchen wir einen verantwortlichen Führer.

Wer mehr einem Lehrer folgt, als seinem Herzen, legt seine eigene Weisheit still.

## Gekränkt

ist etwas anderes als beleidigt. Wenn zwei Menschen einen Brunnen haben, der eine pflegt ihn und der andere kümmert sich nicht darum, deshalb verschmutzt er. So könnt er beginnen, seinen Brunnen zu reinigen, oder er beginnt Schmutz in des anderen Brunnen zu schmeißen, weil er dessen Klarheit nicht ertragen kann.

Das kränkt erst mal, dann erkennt man, dass da kein Schimpfen und kein Zorn helfen, sondern Wachheit und Erkennen deiner guten Qualität. Irgendwann erkennst du, dass keine Kränkung deine Qualität trüben kann.

## Geld

ist unmoralisch, braucht man aber.

hilft mir im Leben, mehr Möglichkeiten zu haben.

**Gemeinsam**

Ich für die anderen, die anderen für mich.

Gemeinsamkeit ist nur fruchtbar, wenn jeder für sich stehen kann. Sonst ist die Stütze des anderen in Wirklichkeit ein Anlehnen.

**Genie**

ist ein Ausnahmemensch.

Ist ein Mensch, der unbehindert, unbeirrt, seinem inneren Wesen folgt.

**Genuss**

hat in der Moral eine schlechte Bewertung.

Genießen heißt nicht Fressen, sondern das Wertvolle dir auf der Zunge zergehen lassen. Die Freude dabei macht schon satt.

**Gesellschaft**

ich will haben, darf aber kein Egoist sein.

Wir leben alle unter demselben Himmel, aber jeder hat einen anderen Horizont. Leben und leben lassen.

**Gesundheit**

geht verloren, wenn man sie nicht pflegt, und selbst dann ist sie dir nicht sicher.

Gesundheit ist das Ergebnis der Lebenshaltung, der Spiegel deines geistigen Haushaltes.

**Gier**

sollten wir nicht haben.

entsteht aber durch Beschneidung der Lebens-freude und Freiheit.

**Glanz**

verleiht mir wenn ich habe was gerade "in" ist.

Und wenn es nicht mehr in ist? - Da ist mir die Freude lieber, die meinem Leben einen Glanz verleiht, das macht mich unabhängig von "IN" und "OUT".

**Glaube**

Ich glaube was meiner Vorstellung dient.

Glaube ist ein Strohhalm, wenn man das Wahre nicht spürt.

**Glaubwürdig**

bin ich, wen ich einen Titel, eine Auszeichnung, einen Status habe.

Glaubwürdigkeit nur mir selbst gegenüber.

### Glück

ist nicht dauerhaft, nicht zu halten, rinnt einem so schnell wie das Wasser durch die Finger.

Zum Glück sind Sünde und Schuld nur Illusionen, deshalb können wir ungestraft alles tun. Wer aber von der Liebe abweicht, kreiert sich ein unglückliches Leben und gerät in einen Mangelzustand.

### Großzügig

bin ich offiziell um Eindruck zu machen.

Großzügig bin ich zu mir, dann kann ich es auch bei anderen sein. Wenn ich großzügiger zu anderen bin als zu mir selbst, dann geht es um einen Handel, von dem man nur enttäuscht sein wird. Denn die Großzügigkeit war nur vorgetäuscht. Liebe ist keine Handelsware.

### Handeln

für einen Zweck, um jemand zu sein, um was zu bekommen, um das Leben zu sichern, die Existenz zu sichern.

Handeln weil man ist, weil es ein Ausdruck meiner selbst ist, weil ich etwas zu geben habe. Tun macht lebendig.

**Hass**

leert dich vollkommen aus und du glaubst der andere verursacht das. Aber der Hass ist ein Produkt des Egos niemals des Herzens. Wenn das Ego die nötige Ehre nicht kriegt, kann der Galan schnell ein Schurke werden.

**Heilig**

unantastbar, nicht berührbar, besonders, schwer erreichbar.

Ist eine unselige Erfindung, die Trennung erzeugt.

**Heilung**

Mich heilt die Medizin oder ein Heiler.

Heilung ist der Prozess des Ganzwerdens.

**Herz**

bevor man sich bindet, prüfen ob sich nicht was sichereres findet.

beherzt begonnen, ist schon gewonnen.

**Himmel**

Ist der Platz am Ende des Lebens für Unfehlbare.

Ist ein glücklicher Zustand. Der kann auch durchaus jetzt sein.

**Hoffnung**

auf bessere Zeiten, bessere Umstände.

Hoffentlich geht der Menschheit bald ein Licht auf, damit sie die Wirklichkeit sehen kann.

**Hölle**

Ist der Ort der uns erwartet, wenn wir fehlbar waren.

Ist ein Leben voller Neid, Angst, Kleinheit, Missgunst und Zweifeln.

**Humor**

wenn überhaupt, lache ich über die anderen und nicht die anderen über mich.

hilft mir durch Widrigkeiten zu gehen ohne Schaden zu nehmen.

**Hunger ewiger**

quält immer.

Ist die Folge von eingeredeter Wertlosigkeit. Diesen Mangel kann man nicht mit Materie ausgleichen.

**Ich**

ich passe mich an, dann trägt mich die Gesellschaft.

ich bin ein eigenes Wesen, anpassen fordert Selbstverleugnung.

**Ideen**

haben ist gut, wenn ich nur jemanden hätte, der dann das Risiko trägt.

Ideen tragen dich über Engpässe und Notsituationen in die Unabhängigkeit.

**Illusion**

Wunschdenken, also haben wir besser keine Wünsche.

Sind Luftschlösser ohne verantwortlichen Besitzer.

**Innerer Frieden**

hab ich, wenn ich meine Schäfchen im Trockenen habe.

Kehrt ein, wenn ich mit mir im Einklang bin.

**Interesse**

dient meinen Sicherheiten.

dient meinen Begabungen, meiner Freude, meiner Leidenschaft, wofür ich brenne.

**Intoleranz**

ist der Neid auf den, der sich bewegt und nicht in der Begrenzung lebt.

Hör auf, die Mutigen zu verachten, dann könnten sie ein ermutigendes Beispiel für dich sein.

## Kleinheit

macht mich machtlos gegen die Großen.

ist eine Illusion, dass es Größere und Mächtigere als dich gibt. Kleinheit verursachst du durch Macht und Bestimmung abgeben an den Größeren, aber genau das macht ihn größer, auch wenn es nur ein Schein ist.

## Konfrontation

Der Stärkere gewinnt, der Bessere hat Recht.

Die Fronten geraten aneinander, wenn es um das Ego geht. Manchmal muss man eine Stelle verlassen, wenn die Mehrheit eine andere Orientierung, als das Leben selbst hat.

## Konkurrenz

Ich bin erst zufrieden, wenn ich den anderen übertrumpft habe.

Jeder ist unvergleichlich in seiner Art. Konkurrenz lenkt mich bloß ab, ist unwichtig, interessiert mich nicht, ich richte mich nach meinem Können.

**Kraft**

Investiere ich in Unternehmen, die mir Sicherheit versprechen.

Kraft ist gepaart mit Mut, mich selbst zu vertreten, egal ob in einer fremden oder eigenen Firma.

**Kräftemessen**

Der Stärkere gewinnt!

Die innere unsichtbare Kraft hat mehr Einfluss aufs Leben als die Muskelkraft.

**Krankheit**

lauert überall, kann einen immer erwischen, keiner ist geschützt davor.

fordert dich lediglich auf, nach dem Fehlenden zu suchen. Krankheit ist eine liebevolle Warnung.

**Kreativität**

hält sich in Grenzen. Man bleibt im Rahmen des Gewohnten, des Bekannten. Man will belebt und unterhalten werden.

hilft nie dagewesenes zu erschaffen, Erweiterung der Möglichkeiten. Du belebst dich selbst.

**Krieg**

Du bedrohst mich, ich muss mich verteidigen.

Um was kämpfst du?

**Krise**

will man nicht, man schämt sich dafür.

Eine Aufforderung zum genauer hinschauen, eine andere, gesündere Richtung einzuschlagen. Etwas Unfruchtbares loslassen. Eine bessere Perspektive sehen.

**Kummer**

hat man immer in dieser lieblosen Welt.

Kummer, kümmern, verkümmern ist das Ergebnis, wenn man im Leben nicht dem Guten vertraut und sich zuwendet. Kümmern ist eine Beschäftigung, die den Mangel pflegt.

**Langeweile**

tritt ein, wenn es gerade nichts gibt, was mich belebt.

ist eine unkreative Zeit (siehe Kreativität).

**Leben**

ist unkontrollierbar, deshalb meide ich es.

Leben ist ein ständiger Reifeprozess durch schöpferisches Sein.

**Lebenslust**

hab ich, wenn ich gewonnen habe, wenn ich verehrt und geschätzt werde.

Lebenslust lässt mich hüpfen und springen, ungeachtet dessen was die anderen davon halten.

**Lebensunterhalt**

mühsam, unermüdlich, mir bleibt nichts.

Wer sich nur auf das Materielle beschränkt, schrumpft. Das Leben gedeiht nur mit Frohsinn und Heiterkeit.

**Lehren**

braucht der Mensch, um eine Orientierung zu bekommen.

Die größte Lehre ist das Leben, es ist immer der Spiegel deines Bewusstseins.

**Leid**

ist üblich, häufig Prüfungen, Demut, heiliger als Freude.

ist das Ergebnis von Unehrlichkeit und Macht abgeben.

**Liebe**

Du sorgst für mich – ich sorg' für dich.

Liebe sagt ein anderer kann nicht für dich sorgen. Was und worüber sorgt ihr euch? Lebt und liebt, dann ist für euch gesorgt.

**Loslassen**

tu ich, wenn ich etwas Besseres sicher greifbar habe.

muss ich einen Apfelbutzen, wenn ich den Apfel abgegessen habe. Leben ist sich nähren und das geht nur mit Einführen und Ausführen.

**Lüge**

ich lüg ja nicht wenn ich wiedergebe was ein anderer gesagt hat.

Überlege mal, ob das Gerede nicht mit Schadenfreude durchtränkt ist. Und du nur einfältigen, halbwahren Mist verbreitest. Und nur vom eigenen Unvermögen ablenken willst?

**Macht**

hab ich durch Abhängigkeit. Der Untere über den Oberen und der Obere über den Unteren.

Mit Macht sind die Lebenskräfte gemeint, die dir Unabhängigkeit schenken.

**Magie**

fauler Zauber und Manipulation.

Leben ist Magie. Liebe macht groß, Hass macht klein.

**Mangel**

muss ich abschaffen in dem ich mir viel anschaffe. Da darf mir keiner was wegschaffen.

ist ein Gefühl, das man nicht mit Materie ausgleichen kann, sondern mit Selbstachtung.

**Märtyrer**

Damit kann ich meine Gottestreue beweisen und ihm durch Tod und Quälerei mein Leben opfern.

Das ist ein folgeschwerer Irrtum mit dem Ergebnis "ein Pfeifen im Ohr - kein Lied auf den Lippen" zu haben.

**Materie**

darauf kann ich bauen.

Damit kann ich bauen.

**Misstrauen**

ist notwendig, denn hier denkt jeder nur an sich.

Wenn du in deine Liebe, in deine Kraft und Eigenverantwortung gehen würdest, wäre Misstrauen überflüssig, weil du spüren würdest, wem du vertrauen kannst und wem nicht. Grundsätzliches Misstrauen schränkt dich ein. Aber vielleicht ist das ja das Ziel.

## Moral

ist notwendig um den anderen zu bewachen, zu beschränken und im Rahmen zu halten.

Liebe, die zur Pflicht wird, ist keine Liebe mehr.

## Mündig

sind wir, die Realisten, die alles im Griff haben.

Das Leben kann man nicht im Griff haben, wer das denkt ist noch sehr unreif.

## Mut

hält sich in Grenzen, damit man nicht aus dem Rahmen des Sicheren fällt.

Mut geleitet dich durch unbekannte Strecken.

## Mutterkonflikt

Ich hab mich für euch aufgeopfert, mein Leben aufgegeben, jetzt bist du es mir schuldig für mich da zu sein.

Das macht unfrei, kein Kind will, dass die Mutter ihr Leben aufgibt. Wenn die Kinder der einzige Lebensinhalt der Mutter sind, ist die Abwendung der Kinder notwendig. Aber sie werden immer ein schlechtes Gewissen haben, wenn die Mutter keinen eigenen Lebensinhalt hat. Die Mutter könnte ihre Kinder von der Last befreien, wenn sie sich bei den Kindern bedankt dafür, dass sie ihr eine Zeit lang das Leben gefüllt haben, und froh sein, dass sie wieder frei ist.

## Nachtragend

Die Fehler des anderen zu tragen ist leichter als die eigenen zu betrachten.

Jemand etwas nachzutragen tut nicht gut, trägt jeder selbst doch schwer genug. (Eugen Roth)

**Neid**

sollte man nicht haben.

Hat man aber, denn Neid ist das Ergebnis, wenn ein anderer was tut, was man sich selbst nicht traut.

**Ohnmacht**

Ohnmächtig sind wir alle, denn unser Schicksal liegt nicht in unserer Hand.

Ohnmacht tritt ein, wenn die Kraft der Liebe nicht erkannt und genutzt wird.

**Opfer**

Wir sind von den Gesetzen und bei der Verteilung der Güter benachteiligt.

Opfer kann man nur sein, wenn man sich selbst unterdrückt und für seine Bedürfnisse nicht selbst sorgen will.

**Optimismus**

hab ich, wenn ich dem vertrauen kann, dem ich mein Leben in die Hand gegeben habe.

kann nur jemand haben, der das Leben verstanden hat.

**Ordnung**

hab ich an allen sichtbaren Stellen.

kann niemals überall sein. Ein schöpferischer Mensch ist immer im Umbruch.

**Orientierung**

ich orientiere mich an den anderen.

Meine Freude, meine Leidenschaft und mein Interesse ist die Orientierung der ich folge.

**Pessimismus**

ist die Kraft, die das Gute löscht.

Meist eine Ausrede um sich nicht einzulassen, um den Schnarchsessel nicht verlassen zu müssen.

**Pflicht**

ist ein Ausdruck von guter, tugendhafter Lebensführung.

Pflichtübungen verderben den Zauber des Lebens. Nur was du gerne, aus freien Stücken tust, hat gedeihende Kraft.

**Pleite**

falsch investiert, meist in Sicherheiten oder Ansehen.

Betrachte deine Lebensleistung, dein Können als wertvoll, achte darauf, wo du deine Kraft hinträgst. Wenn du deinem Chef den Untergang wünschst, wird er dich untergehen lassen, oder du wirst mit untergehen. Wandle deine Negativität in Wertschätzung. Verurteile dich nicht, ändere deine Weltanschauung, dann hat sie Neues für dich. Bist du bereit dazu?

**Probleme**

gibt es dauernd, aber wenn ich nur Angestellter bin, muss ich sie nicht lösen, da habe ich dann weniger Probleme.

sind ein anderes Wort für Herausforderungen deines schlummernden Genies. Wer Probleme meidet, meidet sein Genie. Und wer Probleme künstlich hindenkt, meidet auch sein Genie.

**Raubbau**

nur wenn es über meine Kräfte geht, hab ich das Gefühl etwas geleistet zu haben.

Selbst schuld, nur wenn du etwas aus Liebe tust ist es wertvoll. Und was man aus Liebe tut, geht nochmal so gut.

**Regeln**

braucht man, sonst würde jeder tun was er gerne tut.

Wenn jeder tut was er gerne tut, wäre das eine pure Freude. Man macht nicht gerne einen Raubüberfall, oder einen Amoklauf. Das sind Verzweiflungstaten von Menschen, die sich und das Leben nicht mehr gerne haben. Und sie tun es trotz der Regeln, also für wen sind diese Regeln?

**Religion**

ist eine Gebrauchsanweisung, wie man sein Leben zu führen hat, um Gott gefällig zu sein.

Die beste Religion ist, den Weg des Herzens zu gehen.

**Risiko**

soll der andere tragen.

Je mehr ich mich kenne, umso geringer ist das Risiko der Enttäuschung.

**Rücksicht**

da kommen die anderen einem immer zuvor. Ist oft getarnte Feigheit.

Ich tu was ich will, nicht nur im April. Ich kann mein und dein unterscheiden.

**Scham**

verursacht die Moral.

Alles was dich groß und leuchtend macht, bezeichnet die Moral als hochmütig. Aber für „hohen Mut" muss man sich wirklich nicht schämen – im Gegenteil.

**Schein**

Immer wenn das Wort eigentlich auftaucht, ist der Mensch im Schein und nicht in seinem Wahren.

**Schicksal**

man ist ausgeliefert und machtlos.

ist das Ergebnis deiner Lebensart. Betrachte dein Leben als Schiff. Wenn du einseitig beladen bist, kippt es. Wenn du den Anker nicht löst, passiert nichts außer dass du an Ort und Stelle verrottest, ohne je Abenteuer erfahren zu haben.

## Schlaf

ist notwendig und erholsam.

Schlaf ist eine geistige, kreative Zeit. Je tiefer der Schlaf umso tiefer die Bewusstseinsentwicklung.

## schlapp und ausgebrannt

bist du, wenn du deine Kraft in Sicherheiten investierst. Wenn du freudlos deinem Tagwerk nachgehst. Freude füllt die Batterie auf – Frust frisst Kraft.

## Schmerz

gehört zum Leben.

Ist das Signal für: „Abgewichen von dir selbst, von der Liebe."

## Schönheit

ist wichtig, darf aber nicht zu wichtig sein. Schön genug ist man nie.

Ist die Summe von Harmonie und Ausgeglichenheit.

## Schöpfer

Die Führung unseres Lebens liegt in der Hand des Schöpfers.

Der Schöpfer bin ich auf jeden Fall selbst. Darin liegt ja die Freiheit.

**Schwermut**

entsteht oft, wenn man erwartet, dass einem ein anderer oder Gott das Leben erlauben muss. Hier geht es um Selbstbestimmen, Eigenverantwortung, selbst erlauben.

Niemand kann dir das Leben verbieten und niemand kann es dir erlauben. Ich tu was ich will und zwar jetzt gleich!

**Sehnsucht**

Müssen wir haben, sie hält uns am Leben.

Ist das Fehlende zum Ganzen, mach dich auf die Suche.

**Selbständig**

kann ich sein, wenn ich sicher untergebracht bin.

sein, kannst du nur, wenn du aus dem eigenen Vermögen lebst.

**Selbstmord**

wenn ich das Leben nicht mehr ertrage und bewältige.

Abhängigkeit und Sicherheits-streben ist mehr Selbstmord, als du ahnst.

**Sexualität**

Macht oder Handelsware, Belohnung, Ablenkung, Trend.

ist eine glückliche Vereinigung.

**Sicherheit**

bei anderen suchen macht dich abhängig und unsicher.

in dir bekommst du, wenn du dich ernst nimmst und zu dir stehst.

**Sinnlichkeit**

schöne Kleider, weiblich, schwelgen, schöne Stunden.

Ist die Empfindung, mit der man in jedem Augenblick das Leben berührt. Schade, wenn es nur eine Stunde am Tag wäre.

**Sorgen**

daraus besteht das Leben.

Sorge dich nicht, lebe.

**Spiel**

Man muss es ja nicht so ernst meinen. Aber, eigentlich, vielleicht sind die Begleiter um nicht verbindlich zu werden. Das Ergebnis wird Chaos sein.

Wenn du wahrhaftig, konkret und klar bist, halten sich Probleme fern und das Leben wird vergnügte Freiheit.

## Stau

nervt, immer steht irgendjemand im Wege.

In eurer Welt ist vieles gestaut, das spürt man in Leber, Niere, Blase und Lunge, aber da greift man dann zu Tabletten und Operationen. Und du glaubst, der Stau ist danach weg. Aber der Stau ist in deinem System. Bescheidenheit verursacht einen Stau und Gier verursacht einen Mangel. Vielleicht findest du einen Arzt, der dir die Gier wegoperieren kann. Oder versuchst du es einmal mit achtsameren, bewussteren Umgang mit dir und dem Umfeld? Und du wirst dich wundern, wie der äußere Stau sich auflöst, wenn der innere gelöst ist.

## Stolz

bin ich, wenn ich dem Gesellschaftsbild entsprechend etwas erreicht habe.

Stolz ist ein natürliches Gefühl, das hilft sich aufrichtig zu achten.

**Sturheit**

Die Grenzen im Kopf werden dicker, wenn der Mensch über die auferlegte Grenze geht. Oft die Ursache für Migräne.

**Sünde**

das Urteil zur Ausgrenzung. Die Aufforderung zum Kleinbleiben. Scham und Angst vor dem Schönen.

Gibt's nicht.

**Tod**

Den muss man meiden, er bedeutet Ende.

Tod ist ein Taxi in eine weiterführende Dimension.

**Überdreht**

ist man leicht, man muss sich doch um so vieles kümmern, sonst ist man schnell weg vom Fenster.

Nicht möglich, wenn ich bei mir bleib und mich von diesen Gesellschaftsbedürfnissen nicht anstecken lassen.

## Überforderung

tut man sich an, wenn man nicht kleine Brötchen backen, sondern gleich den großen Kuchen haben will.

Tritt z. B. bei Kindern ein, die von Eltern erzogen werden, die glauben, dass Leistung das einzig Erstrebenswerte ist. Ein Kind braucht Vertrauen um sich entfalten zu können, nicht beregelt zu werden.

## Umwandeln

möchte ich z. B. mein wenig Geld durch Kapitalanlage in viel Geld.

Umwandeln passiert durch eine neue Sichtweise. Nichts hat sich verändert, aber alles ist anders. Z. B. meinen Mann sehe ich jetzt mit anderen Augen.

## Unfall

Schicksal, Strafe Gottes, oder eine gewollte Möglichkeit, seiner unerträglichen Verantwortung zu entrinnen.

Kann selbstgewollt sein oder ein gewaltiger, aber gut gemeinter Rempler um aufzuwachen.

## Ungerecht

sind die anderen, nicht ich.

Wenn du viel mit Ungerechtigkeit zu tun hast, könnte es sein, dass du ein Moralapostel bist und geradezu nach Ungerechtigkeiten suchst. Und: wer suchet – der findet! Such dir ein anderes Hobby, wenn du genug davon hast.

## Unglück

ist allgegenwärtig, mit Versicherungen kann man es mildern, oder durch vernünftige Lebensweise.

Wenn du zu weit von deinem Gleis oder Herzen abgewichen bist, gibt es manchmal einen Rempler, damit du wieder drauf kommst. Das Unglück ist meist ein Glück für den der aufgewacht ist. Wer im Gram sich vergräbt, braucht nochmal einen Rempler.

## Unschuld

ist wichtig um ins Paradies eingehen zu können.

fordert eine absolute Passivhaltung im Leben, also muss man die Führung einem anderen zuschieben. Damit man ihm dann auch die Schuld zuschieben kann. – Na, da kommt Freude auf.

## Unterfordert

wer immer über Chefs und Politiker schimpft, seine Beine aber nicht selbst in solche Positionen trägt, bleibt lieber selbst in sicherer Untergebenheit und unterfordert sich damit selbst. Ein Ergebnis von tiefstapeln.

ist man, wenn man mit blockierten Menschen etwas unternehmen will.

## Unterjochen

funktioniert, wenn der unterjochte großen Mangel an Bewusstsein und Geld hat, wobei das eine das andere bedingt.

**Unterstützung**

kannst du nur streckenweise haben, aber über die Brücke des Vertrauens geht man alleine und da kehren viele vorher um.

**Unzufriedenheit**

ein ständiges, inneres Nörgeln, das nicht abzustellen ist.

Du gehst dem Glück aus dem Weg, deshalb schätzt du nicht, was du hast.

**Vaterkonflikt**

Ich bin der Vorgesetzte, vor mir hast du Achtung zu haben.

Auch du, lieber Vater, kannst von mir lernen und ich von dir.

**Verachtung**

Alles was besser, glücklicher, größer ist als ich es bin und habe schmälere ich durch kritikhafte Verachtung.

Das ist eine Form von Neid und Eifersucht auf den, der es wagt mehr zu sein als ich. Wer in dieser Bewertung steckt, dem kann die Liebe augenblicklich nicht helfen.

**Veränderung**

Unsicherheit, Verlust

Veränderung ist ein anderes Wort für Wachsen. Man lässt immer nur das los, was der neuen Form nichts mehr geben kann.

**Verantwortung**

heißt, ich war's, ich bin schuld – davor hab ich Angst.

Ich bin auf jeden Fall die Summe meiner Entscheidungen und Nicht-Entscheidungen.

**Verborgen**

Wir sind Opfer des Schicksals, Gottes Wege sind unergründbar, die Wahrheit liegt im Verborgenen.

Die Wahrheit ist offensichtlich und einfach.

**Verboten**

ist vieles, was Freude macht.

Es sind doch nur die eigenen Verbote, die dir dein Feigling vorgaukelt, damit du klein bleiben darfst.

## Verfolgt

Man hat oft das Gefühl, von etwas verfolgt oder gedrängt zu werden, das gehört wahrscheinlich zum Leben.

Verfolgt werdet ihr von eurer eigenen Vergangenheit. Wer die Lektion nicht verstanden hat, wird immer wieder davon eingeholt.

## Vergangenheit

da sollte man nicht daran rühren.

Vergangenheit ist das Lehrstück meiner Gegenwart.

## Vergessen

ist gut, wenn ich mich nicht damit auseinandersetzen will.

Ist eine Krankheit. Da werden Ereignisse, für die man nicht einsteht, in die Abstellkammer gestellt. Aber da sind sie trotzdem. Und die Tür, die aus dichtem Nebel besteht, heißt Vergessen.

## Verleumdung

ist ein Versuch dem anderen das Licht zu verdunkeln.

Aber eben nur ein Versuch. Wenn man sich zu sehr darüber grämt, versäumt man das Weitergehen und kann daran zerbrechen.

**Versagen**

ist schlimm, deshalb wage ich besser nichts.

gibt es in der Liebe nicht, denn in jedem Fehler, den man macht, steckt die Antwort für das Weiterkommen.

**Verständnis**

hat man für die Schwachen und Kranken.

hat was mit Verstehen zu tun und das tun die wenigsten. Je weniger man versteht, umso kurioser sind die Vermutungen.

**Vertrauen**

kann ich erst, wenn ich sehe und weiß was mich erwartet

Was hat das mit Vertrauen zu tun? Vertrauen kann man, wenn man begreift, dass das Leben Liebe ist und für dich das Beste will. Wenn du vertraust, musst du die Art und Weise nicht wissen. Es bleibt spannend.

**Vertraulich**

Im Vertraulichen will ich durch Schmeicheleien, Neuigkeiten und Geheimnisse erfahren, auf die andere schon warten.

Vertraulich erweckt mein Misstrauen und warnt mich vor dem Lästermaul.

## Verwirrt

wird man leicht, wenn man der Wahrheit aus dem Weg geht.

Kläre deine eigenen Unwahrheiten. Am besten lässt du dir helfen weil, wer begonnen hat sich selbst zu belügen, kann sich meist nicht mehr selbst befreien.

## Verzicht

Ist wertvoll für Menschen die glauben wollen, dass es im Jenseits eine Belohnung für magere Lebensführung gibt.

Na ja, wer's glaubt wird selig, wer's nicht glaubt ist schon selig und satt.

## Verzweiflung

bedeutet Sackgasse, etwas worauf du gebaut hast ging weg.

Wenn du dich wieder auf dich und die vielen Chancen, die es gibt, konzentrierst, kommt dein Leben wieder ins Rollen.

## Vorahnung

Befürchtungen aus der eigenen Angst.

Ist eine Warnung, um mein Glück zu schützen.

**Wahrheit**

Ich sehe, dass das Leben schwierig ist. Überall Probleme! Das ist wahr

Die Wahrheit ist, dass das nur das Ergebnis von Unbewusstheit ist. Die Wahrheit über deine Reife spiegelt sich im Alltag.

**Warten**

frisst das Leben auf. Wenn dein Leben viel aus warten besteht, dann hat das eher was mit der Nicht-Bereitschaft zu entscheiden zu tun. Und die Person wartet, bis sie jemand mitnimmt um selbst nicht für sich zu stehen zu müssen. (Da hat man besser einen Hund dabei, als so einen lahmen Menschen.

**Weg**

wer Sicherheit bevorzugt, macht sich nicht freiwillig auf den Weg.

ist die Strecke, auf der ich erfahre, wer ich bin.

**Weigerung**

Wer eingeschüchtert ist, wird sich weigern, mutig zu sein und geht eher rückwärts als vorwärts.

**Weisheit**

haben die Gelehrten, die Wissenschaftler.

Weise sein heißt, ganzheitlich zu fühlen, denken und handeln. Wissenschaftler sein, heißt nicht gleich weise sein.

**Wut**

entsteht bei Hilflosigkeit dem Stärkeren gegenüber.

Bleib in deiner Ruhe, in deiner Kraft, dann bist du stärker aus der Aufgeblasene.

**Zeitmangel**

hat hier jeder, gibt es doch immer etwas zu erledigen, zu besorgen und zu pflegen.

Zeit ist ein Geschenk, mich zu leben, mich zu spüren, sie mit meinem Wesen zu erfüllen. Wer vor sich davonläuft, sorgt dafür, dass er keine Zeit hat, denn „Ich nehme mir Zeit" heißt, "da bin ich für mich da".

**Zerstörung**

Der Eingesperrte will die Freiheit des anderen zerstören.

Der in Freiheit lebende möchte den Gefangenen aus dem Gefängnis befreien. Kann er aber nicht, wenn dem anderen das Gefängnis zur Sicherheit dient.

**Ziellos**

ist man, wenn einem der Sinn abhandengekommen ist oder ein nicht erfüllendes Ziel verfolgt hat.

Zeit für eine Pause um nachzuspüren was man verfolgt hat und was mich wirklich begeistert.

**Zu kurz kommen**

passiert mir oft, obwohl ich viel für die anderen gebe.

Na ja, wenn du das Fortkommen des anderen unterstützt, wird der vorwärtskommen, mit deiner Kraft - und weg ist er. Was hast du erwartet? Investiere in dein eigenes Unternehmen Leben. Tue alles was dich kräftigt, schwimmen, tanzen, etc.....

## Zukunft

ist eine andere Zeit, für die ich jetzt aber sorgen muss.

Die Zukunft bin ich. Mit meinem Potential werde ich immer in schöpferischer Bewegung sein.

## Zuneigung

Kriegt der Kranke, der Kleine, der Hilflose.

Das ist nur eine Art von künstlicher Aufwertung und Energieraub. Ein an Leib und Seele gesunder Mensch hat keine Lust für solche Inszenierungen.

## Zusammenbruch

Davor habe ich Angst, das will ich verhindern – und doch passiert es.

Was bricht denn zusammen? Doch nur Gebilde, die Angst und Gier gebaut haben. Gesundes Wachstum basiert auf gegenseitigem Wohlwollen und das Objekt dient dem Leben, nicht dem Status.

## Zwang

Man muss sich selbst zwingen, sonst hätte man morgens schon keine Lust aufzustehen.

Wer sich zwingt, nimmt sich die Freiheit und die Möglichkeit eine andere Richtung einzuschlagen.

## Zweifel

Wenn ich in der Wertung richtig – falsch, gut – schlecht verhaftet bin, kann ich die Mitte nicht finden und bin entzweit.